萬里機構

性，
不只是
兩腿間的事

性治療師與你探視
都市人的情愛與性慾

古錦榮　著

性的學習，要從身開始，
更要從心開始

　　這本不是講解性教育的書，所以沒有詳盡的理論系統解釋一個人的生理狀況與心理成長階段。這本書也不是指導如何取悅性伴侶的性愛指南，所以也不會介紹各種性愛技巧，以及解答各種性愛疑難。

　　這書收錄的，是我過去在輔導室內，與不同的人談情說性的體會，希望藉着不同的性情關係故事，能夠對人生、情感、性愛，有更多探索和思考。期盼透過文字分享，陪伴讀者走進每一個故事，引發更多對「性」與「情」的共鳴或刺激，從而對己、對人、對關係，有更多了解。

性是一個禁忌

　　在親子性教育講座中，我經常向家長強調：「你的子女看電腦或手機的時間，一定比見到你的臉孔多；與別人在網上聊天，也一定比跟你說話多。所以，如果性教育你不及早教，必有人替你代勞。不過，子女學到甚麼？內容是對是錯？你則不能掌控，後果自負。」

　　當鼓勵家長要主動和子女談性，我卻發現，不懂性、不懂愛的成年人，絕對不比無知孩童少。

曾經聽過這樣的故事：一位小學老師懷有身孕，有幾個學生由於對懷孕及生命感到好奇，說想摸摸老師的肚。老師認為學生在初小階段，無不良動機，且與學生關係一直良好，於是就讓學生摸摸她隆起的腹部，希望藉此讓他們感受一下小生命成長的歷程。

　　豈料數日後，老師接到學生家長投訴，認為「有 BB 即係代表曾經發生過性行為，身為老師，唔應該畀小學生知道呢啲嘢住！」老師失望之餘，也苦惱以後是否要與學生保持距離，不應太過接近？

　　原本是一個充滿愛與溫情的學習，卻被理解為灌輸色情。

　　性，在很多人眼中，仍是禁忌。

　　有一次在一個講座中，有一位家長問我：「四歲的兒子經常摸住小便嗰度，應該怎樣處理？」

　　「為甚麼你會說『小便嗰度』，而不是說『陰莖』或『下體』？」我反問她。

　　「不慣說出口，很尷尬啊！」那家長說。

　　我們不會將「口」說成「食飯嗰度」，不會將「手」稱作「攞嘢嗰度」，不會將「眼」名為「睇嘢嗰度」，卻將「陰莖」叫「小便嗰度」，為甚麼呢？

　　是否因為性不能宣於口，抑或性隱含着神秘或污穢意味？陰莖是性器官，容易令人聯想起性，因此也不便直接提及？

　　性器官，在很多人眼中，也是個禁忌。

　　因為性與性器官是禁忌，所以有關性器官、性慾、性行

為、性關係的一切事情，都容易被視為不文或色情。

是性有問題，抑或是我們的眼界與態度出了問題？

性與情，本來可以放在陽光下，只要你不帶有色眼鏡去看。

性因為情，變得複雜，也變得豐富

性與情，涉及生理及心理、自我及關係的發展，沒有年齡限制，只有「正視」與「迴避」兩種不同態度。別以為只有年輕人才會對性與情認識不足，成年人就已經很懂，沒有煩惱疑惑。

身材欠佳擔心失去性吸引力、缺乏溝通而導致床上關係出現距離、性與親密的混淆、性慾與性關係的失衡、一夜情的矛盾、性能力的疑問、性沉溺、異類性行為、婚外性行為、性侵犯的後遺症，成年人遇上的情性關係困擾，絕不比年輕人少。

這書輯錄了我在輔導室中聽過的故事，由年輕人到成年人、由未婚到已婚以至離婚、由年輕伴侶到中年夫婦、由婚內到婚外、由性親密到性創傷、由性慾及性行為到性關係，都在說明性不單是下半身的事，更是上半身的事。

很多人將性的焦點放於兩腿之間的性器官，只多考慮「做與不做」或「怎樣做」，卻忽略了最重要的性器官，原來是在兩耳之間（大腦）。就是這種只聚焦於性行為、性技巧而忽略了性心理、性關係、性觀念的想法，引發了很多在性愛與情感關係的拉扯和掙扎，出現了不同程度的失落與迷茫。

輔導室內跟人談情說性二十五載，早已覺得「性行為」沒

有甚麼不能説、不能提。性行為，只要有健康體魄，學習正確性知識，培養正確觀念，到「做」的時候，就不會有大問題，但「不會有大問題」不應該是親密關係追求的目標及理想境界。

親密關係的理想境界，應同時包括身體親密及情感親密，令雙方在相處和關係上體會到愉悦和滿足。所以，性不只是陰莖與陰道的事，更需要愛與情感的投放與體會，但偏偏愛就是最難言明説清的東西。

缺少愛，性只是兩個人的性器官在磨擦。有身體接觸卻沒有情感連繫，性快感過後，剩下的可能只是空洞與乾涸的心。

性的學習，要從身開始，更要從心開始，因為這个只是兩腿間的事。

前言

性治療師是性愛專家♡

性治療師的工作

　　性治療是心理治療的其中一個範疇。在西方國家，性治療師（Sex Therapist）是一項發展得頗成熟的助人專業（Helping Profession），但在華人社會，對很多人來說，仍然感到陌生。目前，香港約有 200 多位受訓的性治療師，大多數有其他專業背景，如：醫學、護理、康復、社會工作及輔導等。

　　性治療工作範疇主要有兩大類：

　　1）處理性功能障礙，如性慾缺失、不舉、性交疼痛等；

　　2）幫助有需要的夫婦協調性生活。

　　性治療師不是教授性愛技巧的性愛專家。性治療師的專業，是協助或指導當事人及其伴侶，解決在性行為及性生活上面對的困難。性治療會透過面談及評估，了解有關性問題的成因和困難，為當事人提供建議或練習，減低對性的焦慮和恐懼，增加性自信，從而達到治療的效果。

甚麼人需要／建議約見性治療師？

　　如果性行為問題或性生活不和諧的情況持續了一段時間（如三個月或以上），雙方或其中一方因此而感到不滿足，導致

個人情緒困擾或伴侶關係受到影響，都可以尋求性治療師的協助。

治療室內最常見的性問題

男性：性慾缺乏、勃起障礙、早洩、性沉溺行為

女性：性交疼痛或陰道痙攣、性慾缺乏、缺乏高潮、缺乏性滿足

治療的過程和治療時的要點

性生活和諧可能會受觀念、態度、知識、技巧、生理、心理及伴侶關係因素影響。改善性生活不能單靠個人主觀意願和猜測，需要和伴侶溝通、實踐、協調和配合。

治療一般經過下列過程：

1) 評估和診斷：了解有關問題的開始時間，從以上各種因素（身因性、心因性、伴侶關係）評估問題的成因，掌握當事人及其伴侶對問題的理解、態度、困擾和期望。

2) 提供建議和練習：根據評估，按當事人的問題和期望，提供可行的改善建議或練習方案。

3) 實踐方案：當事人在家中按計劃進行練習或實行建議，於下次就診時向治療師彙報進度。

4）評估進度和持續改善：如有關方案可帶來改善，治療師會作出下一階段的持續改善方案和建議。

5）整理及鞏固：如改善持續，治療師會協助當事人整理及鞏固有關經驗，提升處理問題的自信心。

6）個案結束：當事人對有關問題有足夠信心和能力處理，對問題的困擾程度大大減低，個案會隨治療工作完成而終結。

* 備註：如有關問題涉及深入的心理原因（如童年創傷），有關個案可能會需要接受更深入的心理輔導。

治療要點：

1）坦誠展示一切：對很多人來說，性話題和個人的性歷史可能會有難於啟齒的感覺，但整全的資料對評估是否準確有十分關鍵的影響，所以當事人應向治療師展示與問題相關的資料。

2）夫婦共同參與：很多性生活協調問題及性功能障礙都與伴侶相關，無論是從數據顯示或臨床工作觀察，夫婦共同參與比單方面接受治療的成效高得多。在治療過程中，治療師會向當事建議一些練習，如果伴侶雙方都一同參與配合，進度和成功率都會較高。

目錄

Chapter 01

遊走
身心之間

在情性關係中，每個人都想找到自己的 Mr. Right or Miss Right，同時又能夠成為對方的王子或公主，各盡所能，各出奇謀，目的都是希望找到依戀和依附的滿足。

親密，包括情感親密和身體親密，有人在身（Body）和心（Mind）的連繫上找到滿足，也有人在關係中一直動盪，不停遊走於身與心之間，尋尋覓覓，卻越來越不知道自己想找的是甚麼？

那話兒太沉重

男人三十而立，但不少男人年過三十，仍然有很多性疑惑。

男士理想中的床上競賽

很多人對性生活的滿意度，以做愛的頻率和時間來計算。次數愈多、持久度愈長，滿意程度就愈高。

做愛次數和持久時間，仿如理想性愛的認證標準。

這看法沒有所謂對錯，因為每個人的生理狀態和性需要都是獨立和主觀的，但以此奉為唯一指標，性生活會儼如奧運項目，要求更高（次數）、更強（持久力）、更勁（性能力）。不能達標，就被比下去。

怪不得常有男士吹噓自己胯下之物，可以金槍不倒令女伴欲仙欲死聲嘶力竭，去印證自己有多強勁。

持久度是陰莖的問題，還是腦袋的問題？

「做愛時，有甚麼方法可以持久一點？」他語氣有點尷尬的問。

「你平常一次維持多久？」我反問他。

「不是每次一樣，一般是 5-10 分鐘。」

「早洩的一般參考時間是一分鐘，有數據顯示，男性由陰莖進入陰道到射精，最普遍

是 3-7 分鐘，8-12 分鐘算是頗理想，你的情況算是不錯，覺得不夠嗎？」我想進一步了解他的看法。

「朋友說每次都超過 30 分鐘，有些更有一小時，我希望能夠更滿足女伴。」

「如果 30 分鐘或一小時是合格標準，普天下超過 98% 的男人，都應該是快槍手。」我繼續說：「想女伴得到性滿足，不應單考慮陰莖於陰道內抽動這一部分。性交不是親密滿足的唯一因素，況且除了陰莖，你應該還有其他優點吸引她吧！」

他有碩士學位，在大學內當研究助理。學歷與性觀念，原來沒有必然關係。

陰莖要有多長？

曾經看過一則新聞，有男子與女友在西鐵站入閘機前爭吵，他扯高上衣拉下褲子，大喊：「你話我細，除畀你睇！」公眾地方露械，途人報警，男子被捕。這則新聞引來網上熱烈討論，部分貼文如下：

「jj 細，會自卑，見到鍾意嘅女仔都唔敢追，怕畀人笑。」

「女仔鍾意男人下體夠大，咁先實際充滿佢哋肉體需要。」

「做都做得無癮。」

「應該要有 6 吋長。」

「j 到用時方恨小。」

除了小部分貼文指露械男子有精神問題，頗多篇幅提及男人性器長短，並將性器大小跟性能力、自我形象及伴侶滿足，劃上等號。

男人的陰莖，應該要多長？

女性陰道最敏感的部分在陰道前端 5cm，陰莖勃起長度有 7cm 或以上，已足以令女伴在陰道性交時，生理上得到興奮。那些吹噓自己胯下有一呎長，有四分三的長度未必有實質用途。

按生理結構而言，陰莖在硬度、粗度、長度三者之中，以硬度最重要，粗度次之，長度相對最不重要的。所以關心自己性能的男士，應着意保持身體及心理健康，避免「軟鞭」。經常介懷自己性器長度而不能了不起，最終反會因為憂慮而出現「鳥不了」。

男人的性滿足，來得十分弔詭：男人性滿足的大前提，是女人需要得到性滿足。換言之，他需要靠取悅女性來完成，而陰莖就被視為達成目標的工具。

但問題是女性的需要，究竟是甚麼？

不少女士認為在性交過程中獲得的情感滿足，比男士能撐多久來得重要（患有早洩或陽萎等性功能障礙者，在此述之外）；也有指足夠的前奏和後戲，更能引發她們對性愛的投入和享受。如果只有陰莖的進出磨擦，加上一枚粗且長的陰莖，很有可能令女伴出現性交疼痛。

女性的性滿足，絕不單是依賴陰莖，不懂她的需要，管你有多長也沒有用。

誤解陰莖，勃不起來

男人的性知識很多來自朋輩間吹噓、色情刊物、電影及互聯網，將接觸到的描述視為標準來期望自己：

陰莖堅硬如鐵，可激戰一整夜；

隨時隨地想要就能抬頭而舉，令女伴高潮迭起；

陰道性交是性愛終點，專攻三點（乳房與陰道）務求令她盡快興奮，進行出入動作。

根據以上指標，結果不是男的覺得自己性能不足，就是女的覺得對方表現差勁。標準以下，就是「唔得」，有些男士視性交為畏途，就是要逃離那張令他焦慮及挫折的床。

那話兒有時實在太沉重，沉重得連勃起的力量也沒有。

陰莖有自己的想法

達文西（Leonardo da Vinci）曾説：「陰莖並不會聽從主人要他勃起或萎縮的命令；相反，當主人沉睡時，陰莖常會自然勃起。應該這樣説，陰莖有他自己的想法，而且是超乎任何想像之外。」

「近來行房，發現陰莖硬度有問題，有時甚至硬不起來，是否需要吃藥才能改善？」這是經常有男士向我查詢的問題。

完整的性行為反應周期（Sexual Response Cycle），包括：興奮（Excitement）、高原（Plateau）、高潮（Orgasm）、消退（Refractory），共四個階段。勃起功能障礙（Erectile Dysfunction），是指陰莖的勃起硬度或持續硬度，不足以維持或完成陰道性交，令性行為反應的周期不能引發或不能完成。

在美國波士頓曾經有調查，訪問了 1209 位 40 至 70 歲男士，52% 表示曾有過勃起功能問題。按此推斷，勃起問題在男士中年及以後，頗為常見，但若腦袋認為陰莖可隨時應聲開

戰，即使地動山搖不管有多累或多大壓力依然性致勃勃，永不低頭才是真男人，實在是上半身對下半身的誤解。

帶着這些期望，認為陰莖會如自動櫃員機一樣，可以每星期 7 天、每天 24 小時，不論陰晴，都準備提供服務，這是對陰莖的重大誤解。

善待自己的身體，善待伴侶關係

男人要陰莖帶給自己滿足，卻甚少考慮陰莖的需要。

疲倦時，陰莖有時仍然會 Available；但當想陰莖 Available 時，卻發現他會怠工；原來，疲倦是會累積的。有人選擇在疲累晚上的最後一刻才去做愛，整個身體已很疲倦，卻要求陰莖繼續工作，長此下去，陰莖有一天或會向你 Say no。

當伴侶感情關係出現問題，卻若無其事地繼續與對方做愛，企圖透過性去掩蓋問題，很有機會出現性慾缺失而影響勃起功能。長期持續與關係不和的人做愛，結論是：Right, it's sex, but it's wrong。

尊重及照顧自己身體和情緒需要，建立坦誠伴侶關係，是改善勃起功能的另一粒「偉哥」。

給自己的問題

如果你認為你需要「偉哥」，是否已經弄清，需要堅挺起來的，是你下面的身還是上面的心？

性治療師話你知

■ **陰莖長度與功能：**

1) 男性在勃起後，只要能順利插入伴侶陰道，就可以刺激對方的生理興奮，順利完成性行為，無需特別要求勃起的陰莖要達到心目中「理想」的標準。

2) 男性陰莖長度不是提高性生活質素的關鍵，若過度擔憂陰莖尺寸，不但阻礙對性生活的專注和投入，更有機會對自己性功能或性表現感到焦慮（Performance Anxiety），甚至會進一步導致勃起功能障礙（不舉）。

3) 男士較常見的性功能障礙包括：勃起功能障礙，早洩和性慾缺失，成因包括生理及心理兩方面，如問題持續半年以上，應尋求專業人士協助，經評估原因後作出適切治療。

胸大人瘦就是美

女人，想掌握男人的心；
男人，想掌握女人的胸。

不滿意自己的身體

曾經在一個工作坊上，與一些年齡15-17歲的少女討論自我身體形象。

怎樣才算靚？她們給了我這些答案：眼大、眼睫毛長、雙眼皮、鼻高、面尖、牙要白要齊、白淨、皮膚滑、胸大、臀部夠翹、身高、腿長、好瘦、識打扮、化濃妝、着靚衫、若隱若現。

面前一群少女，青春可人活力無限，但在她們提出的標準下，大部分都覺得自己不靚，也因為不靚，所以不夠吸引。其中有兩位表示若經濟許可，會去整容。

她們對自己身體不滿的評價，是一種自我要求還是自我否定？

「我希望可以瘦一點，胸可以有33C。」其中一個說。

後來她告訴我，她的體重只有約43公斤。

「有沒有想過胸前如有你所說的兩團肉，你的腰和背要承受很大重量壓力？」

「無所謂啦，靚嘛！」她毫不猶疑地答。

我又邀請她們用自畫像去表達對自己身體的觀感，其中一個女學生的分享，令我印象十分深刻。

她在自畫的身軀及四肢上，用紅色水筆總共寫了 30 多個「肥」、「粗」、「Bad」的形容詞，她對自己的身軀似乎極度不滿，甚至厭惡。

　　環顧所有學生，身型比她豐滿的，大有人在。

「事業線」 身體是美麗與幸福的本錢

　　曾經看過一幅廣告：一個型男凝望着身旁穿着婚紗、酥胸半露展現幸福笑容的女子。廣告標題「豐胸‧女人的幸福！」意味着女人的 Cup 數與她的幸福指數，息息相關。

　　「男人要有事業心，女人要有事業線」，是很多人心中的吸引力定律。

　　女士希望身軀瘦一點、胸要大一點，但總覺得此等要求有違自然。當人的脂肪較多，全身理應都較豐滿，怎會認為脂肪會有智慧地自動流向胸部，停留結集，匯聚成峰！

　　不少魔鬼身材相信是經過人工改裝，或是長時間地獄式訓練，少飲減食及密集運動的成果。當然，也有些是透過藥物而達致的化學成果。

　　身體要承受的風險可以很大，為何仍會試之？原來當女性踏出門口，便開始從別人目光，根據她的外表打分數，如果離開標準很遠，她就會被掛上「扒」、「油膩」、「i-Pad」等稱號。

　　有時看到一些女士薄粉淡妝卻不失自然美，欣賞的指數己經很高，但當沒有足夠的自我肯定，別人還未認識她的可愛之處前，外觀就成為互相品評比較的戰場。為了取勝和逃過別人的譏諷，惟有無悔無懼、毫無選擇地選擇繼續朝着標準進發。

自我扭曲成全「美麗」

經歷長期痛苦過程，甚或要摧殘身體，即使弄來一副令人「嘩」一聲的誘人身材，卻已弄不清是在追求自我肯定還是自我扭曲？

美，原本是人的期盼、提升人與人間的欣賞和肯定，此刻卻成為懲罰人的依據。若有些所謂美的標準超出人為力量所能達，更會令「不及格」者難以自處。

繪自畫像的女學生告訴我，解決肥胖身型不難，她當下正進行節食，目標是減五公斤體重。當我擔心她體弱而暈厥，她卻表示最無奈的是身型比例不合標準。

「標準比例是四／六，我卻是五／五。」她說。

一些用作評論兩隊對賽球隊實力的足球術語，竟然也是美的指標。

「四／六標準比例是：上身佔整個身體長度 40%，腰以下佔 60%。我的身型是五／五，腳不夠長，不靚！」她給我解說美的標準。

「這標準從何而來？」

「時裝雜誌。」她清晰答道。

原來標準只有一個：是那些千挑萬選而能夠襯托出身上時裝的模特兒。美麗，是個人的審美觀點，還是有一套客觀指標？我們想培育的，是人對人和事物的一種感覺抑或是用作推銷商品的工具？

為的是要走入「索」的行列，不至被分類到「扒」的隊伍，女士都爭相參與這個標準化的美麗工程，Cup 數等於級數、濃

妝艷抹、貼眼睫毛、抽脂、打 Botox、整容、隆胸……，由化妝到改裝，美麗變得越來越單調，而用來欣賞美感的觸覺，也漸漸不派用場等待萎縮。

美麗，令人變得樣板，同時令人失去個性。

當美的標準越來越單一和狹窄時，大部分人都會跌落不合格的範疇中。

那個女學生可以減低體重，卻無法改變身高比例，這是她的無奈。因為這個標準，她相信自己這一生都不能與「美」結緣，注定成為追尋美的失敗者。

美麗，令她不快，同時令她無奈。

你的胸部尺寸如何，你的吸引力也必如何？

女人想掌握男人的心，男人想掌握女人的胸，在吹捧「雙乳」文化下，女人的豐盈胸部，意味有用不完的魅力和吸引力。

有一位太太也有這種想法，認為男性都鍾情豐滿乳房，但她覺得自己胸部細小，所以認為自己對於丈夫不具吸引力。

床上親熱，她堅持要在晚上關上燈進行。當丈夫吻她乳房時，她想到如果自己乳房大一點，丈夫的興奮會更高。

就是這種不接受自己身體的想法，當她換衫而丈夫又在睡房內，她都會拿起衣服走進洗手間，避免給丈夫看到她裸露的上身。

不能接受自己的身體，如何可以放鬆享受雙方赤裸，肌膚相接快感？

她漸漸發現不能投入性生活，因為她不認為自己有條件可以擁有愉快性生活。

丈夫曾表示是愛她整個人而不是她身體某一部分，但她甚感疑惑，因為當有胸部豐滿女士走在街上時，她常發現總有男士在側望、在偷看，令她相信男人都是一樣的好色，不管口裏怎麼説，心裏想的是另一樣。

男人看的與需要的不同

有次我與十位已婚男士討論對伴侶的期望，他們一致認為擇偶的首要考慮並非身材，而是對方的性情與專一，以及她是否愛你和愛得有多深。按他們的看法，女人的性感和吸引力，從來都不只是在胸部。

他們也想像，如果拖着一個雙峰堅挺的伴侶，在街上被別的男人盯望，自己的內心絕對不舒服。

男人就是這樣的一種動物，會被女士的身材吸引，卻不想自己的另一半被猥瑣眼光來襲。

他們一致認為，視覺上被魔鬼身材吸引與伴侶關係感情投放，性質上完全不同。如果伴侶情感關係和諧，幾可肯定絕對不是因為她有一雙高聳的乳房。

希望那位太太看到的，也不單是自己的胸部。

給自己的問題

我對自己的身體和身材有足夠的自我接納嗎？除了身體及身材，你知道自己最大的吸引力是甚麼嗎？

性治療師話你知

根據心理學研究，女性胸部令男人聯想嬰兒時被餵哺母乳的溫馨情感和滿足。兩性相處，雖然乳房是女性散發吸引力的其中一個身體部位，但男士對女性的乳房，未必有正確的認識：

1）坊間流傳一個誤解，指女性乳頭顏色與性經驗多寡有關。其實，乳頭顏色深淺是受荷爾蒙及黑色素分泌所影響。年幼時，性激素分泌較少，乳頭顏色較淺，隨着性成熟，荷爾蒙分泌量較多，乳頭顏色會轉深。特別是懷孕後，為了讓視力有限的初生嬰兒易於辨認吸吮，乳頭及乳暈顏色會更深。

2）女性乳房的主要功能是哺乳，而胸部大小並不會影響功能，如同眼睛大小與視力功能毫不相關。除非想以突出的身材增加吸引力，否則乳房自然健康才是令人有最舒服的感覺。

3）從正面和側面角度看身體器官，只要換個角度，胸脯的大小在視覺上會完全不同。但真正的換個角度，並非指從不同視覺看女性胸脯的大小，而是明白眼前的女性最吸引人的並不是她的胸脯，而是她的胸襟、善良和溫柔，這些特質才是幸福之源。

性親密迷宮

性，不是愛的保障。

愛情離合器

他五官端正、體型健碩，大學畢業後找到一份頗具前景的工作，收入穩定，工餘時間喜愛戶外活動，不煙不酒不賭。單看外在條件，絕對是女士心目中的「筍盤」。

他也覺得自己不難結交異性，過去先後有四次拍拖經驗。他自問是個專一的人，渴望擁有長久而穩定的感情關係，但四段戀情均中途夭折，由最長的 8 個月到最短的 2 個月，每次都是對方提出分手，連他也用「愛情離合器」來自嘲。

提及上一段只維持了 2 個月的戀情，他現在依然感到疑惑。

性是拍拖的必備節目

他起初與女友相處融洽，閒時談天吃飯，假日同行西貢郊外，女友對他溫婉細心，他間中給她贈送小禮物，彼此相處都感甜蜜。

個多月後的一個晚上，他們在溫馨氣氛下，發生了第一次性行為。回憶該次經驗，他覺得大家都興奮愉快，及後雙方親密感覺有增無減。自此，性開始成為他們每次見面時的必備節目。

性，不只是兩腿間的事

有一天女友病了，他往她家中陪她，還預備了白粥，給她清清腸胃。女友稍事休息，精神略為好轉。一輪閒談後，他感到有性衝動，於是挨近她身體，最後又做了每次見面時必然做的事。

往後半個月，他們見了四、五次，每次都有性行為。其中有一次，他們見面就往酒店，做了就各自回家，是名副其實的性愛約會。

一天，他突然收到對方的短訊提出分手，並嚷不要找她。

他用不同方法接觸她，對方不是拒絕見面，就是迴避，只給一個他覺得不是理由的分手理由：性格不合。

當嘗試再接觸她時，他發現對方面書帳戶加了封鎖功能，致電給她，從沒接聽。

一段甜蜜的戀情，為何突然告終？他覺得難以理解，也不能接受。

性行為與性關係的落差

當細心回顧一段又一段戀情時，他發現可能和性行為有關，也開始察覺到自己對女友的一些忽略。

他沒有察覺那次女友臥病時，對方做愛時的投入程度與以往不同；

他沒有察覺那次親熱時女友只背向他，連性交姿勢也是用後進式，與以往不同；

他沒有察覺往後女友曾有意無意拒絕他往她家中；

他沒有察覺女友漸漸減少主動致電給他……

有一次，他遇上了第一個前度女友，他也跟她談及這次失戀經驗，前度女友說起數年前與他分手時，也有類似的經驗和感覺。

前度女友指，最初與他發生性行為是情到濃時由心而發，及後卻變成每次見面的指定動作，甚或只是在滿足他的性慾，她開始懷疑他鍾情於她的身體多於她。當她感到他在性行為的雀躍多於享受兩人相處的感覺時，她發現愈多性接觸，她對他就有愈多心理距離。

後來，這位前度就向他提出分手。

很多女人與男人上床後，會期望男人負責任，兩人永遠一起，但女友和他上床後因為更認識他，將他開除。

對女友的反應，以及對性行為的看法，他也曾有過疑問。

「女人真的難以掌握得令人懊惱！我看得出她初時也很享受親熱，為何後來變了？」他繼續說：「若是不喜歡，為何不提出反對？」

及後，他才漸漸發現原來他只看到一些自己看到的事。

他不明白性經驗每次都是獨特的，上次投入並不代表這次享受，性愉悅不單源於行為技巧，還需配合當事人的心境、狀態及與對方的關係。

他不明白性可以增進感情，也可以窒礙關係。

他不明白不抗拒 say no，不等於歡迎 say yes。

他不明白自己可以藉着性找到親密和快感，但對方不一定每次都有相同體驗。

自己跟對方需要的失衡，性行為與性關係的落差，令他在性親密的迷宮裏，在同一地點跌完一交，再跌一交。

沒有性趣的丈夫

因為親密關係而煩惱的，除了未婚的他，還有已婚的她。

她已婚 15 年，近來覺得與丈夫的性關係有變。

「近幾個月覺得他對性好像失去興趣，我們已經有一個月沒有做愛，以往未曾出現過。」

丈夫性慾下降，引發她的憂慮，憂慮丈夫有否在外「偷食」，因他經常往返內地工作。

她問了很多關於男人性心理的問題，也希望我這個男性治療師，可以有一個準和快的答案，讓她知道枕邊人性慾下跌的原由。

我沒有能力給她一粒心理上的「偉哥」，令丈夫在她面前即時雄風重現，只能協助她了解性慾缺失可源於不同的因素，包括生理、心理、伴侶關係、生活壓力、生活處境和經驗等。

當然，如果有婚外性經驗，問題又會變得更複雜，因為這已不只是性問題，而是婚姻危機問題，當中又牽涉婚外拉力、婚內吸力及個人定力三方面的拉扯，以及信任與被出賣的糾纏。

親密關係＝彼此愛與性同步

任何不成熟的猜測，只會令問題惡化，也窒礙她發掘其他可能性的空間。多和丈夫溝通對話，留意了解他日常生活的表現及近來情況，甚或向他分享她在床上看到的轉變，此刻更為上策。

「跟他説我們做愛次數少了？怎説！平時我們説話已經不多。性，頗尷尬，更難開口吧！」她説。

這個年頭，眉飛色舞談性的人固然很多，圈地自限的人原來也不少。

更重要的，是他們在過去兩年，除了做愛，已很少身體接觸。現在，他連僅餘的做愛意欲，也開始失去。

已婚多年的夫妻，常在柴米油鹽中奔波，漸漸失去經營親密的關注、耐心與能力。

是性的牢籠難於打破，還是早已遺失了婚姻關係的鑰匙，令她走不出迷宮？

未婚的他過猶，已婚的她不及，在十字路口前，同樣感到失措。

愛與性同步，是親密關係中的精彩體會，令人感到滿足。當愛的感覺流失，兩個性器官的接觸就會變成是「性交」，而不是「做愛」，兩個人的親密關係會漸漸褪色。

下半身的勃起，可以透過藥物治療；上半身的感情勃起，只能透過雙方的關愛和重視，不斷溝通協調，沒有速成的方法。

最愉悦的關係，是情感親密和身體親密，都能回歸到雙方以愛相遇、以誠相待的初心。

所謂親密，是你在對方面前，沒有恐懼。

給自己的問題

性交是兩個器官的接觸，做愛是兩個人的身心結合，你擁有的是哪一種性生活？

性治療師話你知

親密（Intimacy），源於拉丁文 Intimus，意為內在最深層、最深邃、最私密。親密是把自己的最深處、最私人的部分向自己及向別人展現，沒有偽裝和防衛。

親密關係涉及兩人之間的同步，雙方可透過不同的方法提升親密感：

1）情感親密（Emotional Intimacy）：兩個人可以安全地分享自己的感受，即使是不安和脆弱的感覺，相信對方可以接納，並從對方得到安慰。

2）身體親密（Body Intimacy）：不單是性行為，透過不同感官（視覺、聽覺、觸覺、感覺）去體會各種身體接觸（如：拖手、擁抱、按摩、接吻、愛撫、性交等）的放鬆、聯繫和興奮的愉快和親密感。

3）知性親密（Intellectual Intimacy）：即使觀點不同，兩個人仍可以能開放分享意見、想法和價值觀，願意聆聽彼此的聲音而不是爭取辯論中的勝負。

4）體驗親密（Experiential Intimacy）：共同參與一些活動，透過共同經驗，體驗當中的同步和協作，拉近兩個人的生活經驗。

講金容易講心難

伴侶關係的微妙處，在於希望滿足對方之餘，又想各取所需。

照顧她的心卻不能滿足他的身

在網上討論區看到一個感情故事：

女生拍拖五年，男友對她溫柔細心、呵護體貼，她認為雙方唯一矛盾，是她一直以來都拒絕與男友有性行為。因為男友收入不高（但她卻強調沒有嫌棄他窮），她擔心意外懷孕但沒有經濟能力結婚。

面對她的拒絕，男友沒有強迫她改變意願，對她依舊關心照顧。正當以為自己幸福之際，有一天，她意外發現男友的電腦內，儲存很多女性裸照，當中更有他與裸女的合照。

霎時間，她整個人陷入傷痛迷茫中。為何他會欺騙自己？一個以為很親密、很熟悉的人，為何會作出如此難以想像的行為？表面和真實為何相距這麼遠？對方為甚麼這樣做？這段感情是真還是假？……千個問題，萬般煩擾，一時不知究竟。

當事人沒有交代她如何處理該問題，卻在討論區引起很多回應，部分饒有趣味：

- 男友月薪萬七，已比很多人的入息高，只是她貪得無厭，乃典型的向錢看港女，仍說男友窮，無能力結婚養家，是對男友尊嚴的傷害。

- 當事人扮聖女，男友拍拖五年後才偷食，算是上品，這是不去滿足男友性需要的後果。

- 男人用下半身思考，要控制男人需先控制其「細佬」。

不同觀點，將身體、金錢、性慾、性觀念和性關係的矛盾和衝突環環相扣，同時又建構出一個彼此傷害的故事：女的用說話傷害了男的心，男的用陰莖傷害了女的情。

男人偷食是常識吧？

有人認為男性易受性慾控制，所以當你不去滿足他的性需要時，就要預期他會偷食。因為「沒有貓不吃魚」，所以男人偷食是正常行為，這是道理還是歪理？

從生物學角度，女人的卵子比男人的精子矜貴；在身體結構上，男性性器官外露於身體（女性陰道則內藏於身體），再加上男性易受視覺刺激影響，男人通常比女人較易引發性衝動。由陰莖不經意受到磨擦，到在街上看到體態優美的女士，若再加上散發出牽鼻香氣，足可以令男人的眼睛被俘，甚或有幻想、非份之想，以至胯下隆起。

男性性慾較易被引發，這是不爭的事實。但是有性慾與有性行為，是兩碼子的事。

有性慾不等於一定要發生性行為

性慾可以是無心插柳，但性行為卻可以是有心而發；慾望是天生本能，行為是有動機目的而行。性慾的引發和性慾的處理，是兩個不同處境，不可混為一談。

如果單純認為性慾是個人需要，自然會考慮如何去滿足，但當性慾放置於伴侶關係的處境中，就意味這不再是個人事，在考慮個人滿足時，也需要平衡雙方的感受和看法。

這是一個從「我」和「你」進展至「我們」的過程。企圖以「我」或「你」去處理「我們」的問題，遇上的只會是更多的混亂和誤解。

是港女向錢看，還是港男讓女人沒安全感？

那位認為男友收入不高而拒絕跟他有性行為的女士，討論區內不少帖文形容她用錢來量度男友，乃典型「港女」本色。

「港女」的稱謂一出，不難想像女士們會以「毒男」、「草食男」向男士回敬，同樣可以將男人描述得慘不忍睹，就像我曾聽過一位女士揶揄男士，無樓沒緊要、無錢沒緊要，最緊要是不要無頭髮！

談論兩性相處，目的是希望了解彼此相異之處，期望從中獲得更多的啟迪，而不是去爭論誰比誰更不濟，因為這只會將兩性推向更對立的局面。

從討論區回應的觀察，男士似乎對女性的拜金、向錢看、愛物質，十分不滿。

「初次見面，就問我工作職位、收入多少、而不是去了解我是個怎樣的人。難道現今女人真只講錢講物質，越來越膚淺？」有一位曾經參加過 Table for six 的男士向我分享他的經驗。

他希望尋覓一段有質素、有深度的關係，但對方卻對錢的興趣大於對他的興趣，令他感到氣餒。

我也曾聽過有女士跟我談及對男友送禮的期望:「千萬不要摺甚麼幸運星給我!」昔日的浪漫象徵,今天變為眼前一驚。

看過一個財務公司廣告,內容是男的申請借貸,用作與女朋友旅遊的支出;女的小鳥依人在機場挽着男友臂彎出發,露出甜蜜幸福的笑容。但我卻相信,如果我去借貸用作與太太旅行支出,幾敢肯定會聽到的是她對我的斥責與咆哮。

是世界的巨輪轉變得太快,抑或是人在巨輪裏被轉昏,對感情的理解和價值觀已與昔日不同?

是女人越來越實際,抑或是愛情越來越虛緲,以至女人需要掌握一些實質的東西來估量男人愛她有多深?

是女人越來越拜金,抑或是她摸不透男人心,以至退而求其次,捉不到他的心也希望可以分到他的金?

或許,當投訴女人向錢看的同時,男士也需回顧一下,自己是否太 hea、太頹或太花心,不能讓女人得到那份安全感和信任感?

愛情的利息＝饋贈禮物的價錢與價值 ?

大部分人談戀愛,是想找一個真心對象,期望感情開花結果。套用投資角度看,買股票當然期望回報理想,但當那公司的前景未明,派息就是吸引人繼續持貨的原因。

當前景未明但又未至於要即時斬倉,投資者總希望得到收益。從對方獲得的禮物或饋贈,就是回報。回報愈高,就期望手上持有的是隻「大藍籌」,令她在未明朗的市況中繼續持有、繼續憧憬。

能夠收到饋贈禮物的經濟價值愈高，會令人覺得自己被重視，相信自己的市場價值也高，在心理上及在人面前就不至於有落後於人的感覺。

　　原來，錢和禮物不僅是一個估量對方愛你有多深的指標，亦是一面自我肯定的鏡子，也是一個告訴自己可以繼續持有的技術分析工具。當人長期身處看不清、摸不透的局面時，常會將工具變成目標，最後，那理得你內裏的心，最重要是眼前的金。

　　於是，一個物業比一張附屬卡好、附屬卡比 LV 好、LV 比 iPhone 好、iPhone 比一條手鏈好，手鏈又比……，最重要的不是幸運星。

　　當關係欠缺了解、信任和安全感；

　　當認為每個人都有個價錢；

　　當價錢等同一個人的價值；

　　當人看這個價比其他東西來得更重要；

　　當有女藝人嫁入豪門，就認為她已找到一生中最成功的事業及最大的幸福；

　　當城中的富二代和女伴分手，我們在雀躍估算她會得到多少贍養費而忘記父母離異對稚子的影響，甚或如雜誌的形容為「所有 16 歲或以上的女士都會感到興奮」；

　　向錢看、物質化，不是我們想見到的預期，卻又是意料之中。

　　拜金、愛物質，豈應只是用來形容女性？

給自己的問題

婚姻與感情是人生中一個重大投資，你最希望得到的是甚麼回報？金錢還是感情？

一位女士問：「我對性沒甚興趣，是否有權拒絕和丈夫做愛？」

治療師：「如果單從個人角度，當然有權拒絕，因為任何人都有自主權決定接受或拒絕性行為，也沒有人有權強逼另一個人做一些不願意做的事。

從個人立場，你絕對有權拒絕和丈夫做愛，但不明所以及不曾協調的需要被長期拒絕，會令關係受損。而更重要的，是你要了解自己抗拒與丈夫做愛的背後原因。」

SP 變情人，有沒有可能？♥

心裏即使明白自己是一個平凡人，也希望有一天自己的平凡會變成特別，特別到別人願意為自己而改變。

在床上找愛情

「很多人說男人是下半身動物，可以有性無愛，結識異性很多時是 Looking for sex，真的嗎？」她問。

嚴格來說，她不是向我發問，而是表達她對男人的疑問；當然，這也不是形容所有男人，而是她在網上接觸過的男人。

她在網上跟男生聊天已有一段時間，對於有好感的她會約出來見面，她更不諱言曾經跟三個網友上過床，而三段上過床的關係及後都無疾而終。

她坦言只會與有好感、談得投契的人上床，上床是因為感覺良好，希望感情可以進一步發展，但結果都是現實不似預期，姻緣不如心願，她想找個男伴，對方只當她是性伴（SP）。

有人會選擇性地交朋友，也有人交朋友是選擇性。

從做愛中培養愛

上一個男伴，是她兩個月前透過交友程式認識的。他們在星期日晚上第一次聯絡，兩天後就約了出來見面吃飯。按她形容，對方算不上英俊，但健談幽默大方，

請她吃飯的地方，是一間環境不錯的餐廳。她覺得這是誠意與重視的表現，與時下縮骨孤寒的「毒男」完全不同，令她對他增添好感。10 天內，兩人經常交談，見過 4 次面，上了兩次床。

「他給我的感覺不錯，相識 6 天後，我跟他上了床，到了第 10 天，我們第 2 次上床。」她繼續說：「我希望這段感情可以發展下去，甚至想過他會否是將來的伴侶？」

她曾經也猶豫過大家是否太快就上床？但因為喜歡他而跟他做愛，對她而言算是合乎情理，同時也憧憬兩人的關係會因身體界線打破而變得更接近更親密。

她想彼此相愛，他只想一起做愛

當她期望熱情有機會延續之際，卻突然覺得他像一隻斷了線的紙鳶一樣失去連繫；準確一點來說，是他對她沒有回應。數天前大家還撫摸着對方的身軀，數天後就如同蒸發失去影蹤，這種關係算是實在還是虛幻？

「為何大家談得開心投契，卻突然變得冷漠？莫非男人真的是上床前後兩個樣？」對方反應突然不同，令她有點不明所以。

「他是否在『呃蝦條』？」她繼續問。

「或許不一定是誰騙誰的問題，而是雙方上床的邏輯和希望找到的東西不一樣。」我回答她。

「會不會是我的說話令他有壓力？」她靜了一會後，開始回顧跟他們見面時的情況。

由於她希望雙方關係可以發展，她在第 2 次上床後曾經問他：「對於我們的將來，有沒有甚麼想法？」

對她的提問，他當時模糊的支吾以對，說得較清楚的那一句是：「看看吧！」及後她看到的，是不再看到他，他再沒有跟她聯絡，不再回覆她的訊息。或許，他已經用行動回答了她的問題。

「他喜歡的是你的身體還是你？你期望他與你相愛，但他是否只是想與你做愛？」我希望她可以首先釐清這些問題。

炮友的性、愛邏輯──共享體溫不分享感情

「認識以來，我們相處得不錯，他卻突然消失，難道我說出自己對關係的期望也有錯嗎？」她有點感觸地說。

「建立真摯感情真的不易，但更重要的前提是：對方是否願意和準備與你建立感情？如果對方的目的是性行為，而你卻以為性行為會促進關係建立，你們對性關係的理解根本不同；你期望的是關係，他想得到的是性。」我繼續對她說：「所以關鍵不在於你問了他甚麼，而是他早已有自己的答案。」

顧名思義，SP 是追求性慾交流和滿足的「炮友」，只會共享體溫而不會分享感情，上床後感覺良好可能會再次約戰，感覺差勁的就直接不再見面。

有一個網上獵艷高手曾經向我說：「SP 的重點在於可以享受性的權利而不需要負任何責任，所以我從不會與同一個 SP 上床超過兩次，免得沉船或避免對方貼身。」但不是所有人都有這樣的情性觀念，因為相處是人與人的連繫（Bonding），而性行為更是親密的連繫，經驗過親密後，很多時會想得到延續。

SP 的「做」而不愛 VS 伴侶的愈「做」愈愛

「網上結識的男生，怎樣可以知道對方不是找 SP？怎樣才知道是否有感情發展的可能？」她問。

情性關係，誰人可以提供一個「絕對準確」的答案？當她提出一個連自己也沒有能力弄清的問題時，或許是反映出她內心的模糊和混亂。

「沒有人可以知道別人內心想些甚麼，但如果你想與對方發展感情，不妨嘗試約會不約炮，讓對方知道你的想法。若對方跟你一起沒有性也可以有愉快和投入的體驗，或許在感情關係上會有更大的發展可能。最深刻的情感、最窩心的感覺，通常不會是在床上發現的。」我回答她說。

性包括：性慾、性行為、性關係；SP 的焦點在前兩者，伴侶重點在於後者。如果你希望找一個對你有興趣而非只對你身體有興趣的人，必須學懂分辨。

如果是女友，即使是表面功夫，總有點談情說愛的元素；如果是 SP，他只追求比自己私下「打手槍」更精彩的性行為，除了做愛外，剩餘的元素還只是做愛。SP 的特質，是會全情投入與你共享體溫，不會與你分享生活。

在「有食不食，罪大惡極」及「不論美醜，最好就手」的原則下，SP 在下身滿足後，上身自然會離開；如果下身不能滿足，上身會更快離開，絕對是「有性才跟你有關係」的性關係。

性的關係有兩種意義，一種是雙方透過性促進了關係，另一種是雙方關係只有性。

除非只想性交不望心交，只懂做愛不談相愛，否則應該承認自己眼光出錯，盡快斬倉止蝕離場，因為誤將炮友當密友，必成炮灰，禍及身心。

從緩害（Harm reduction）的角度看，那個男士跟她上了兩次床後就銷聲匿跡，他的「潛水」未嘗不是一件好事。雖然，真相有時會令人失望神傷。

輔導室內的性問性答

 一位女生問：「男人會否介意他的伴侶過去有過不同的性伴？如果將來男友問及我的性史，我應否將曾經有過 SP 的事情告訴他？」

 治療師：「人有時是一種矛盾的動物，一方面會吹噓自己性經驗豐富，另一方面卻希望伴侶是自己的唯一。

男人提出這問題，其實並非想要真正的答案，所以應避免在問題的內容糾纏。你可以跟他說：過去的事我已沒有印象，我最喜歡的人，是現在的你。

當然這也不等於你可以隨便跟人上床，畢竟太複雜的過去，未必人人都能消化接受。生活中的言與行，都有可能影響將來，而且人是感情動物，隨便跟人上床，除對自身安全帶來一定風險外，每次投放感情都會有情傷的風險，所以還是謹慎為上。」

Chapter 02

婚內情色

親密關係，不會因為你結了婚，所有問題都能得到解答。

婚姻中的情與性，很多時都不是「是非題」，而是「選擇題」，有時是單一答案、有時是複選答案，有時還需留白，給我和你一起填寫屬於「我們」的答案。

魚水之歡的秘訣，在於雙方能夠明白自己既是魚、也是水，找到自己的滿足之餘，同時能夠滋潤對方。

性先生與情女士

男人愛女人的其中一個渴望,是要得到性滿足;女人跟男人性交的最大渴望,是要滿足愛的需要。

當妻子拒絕性行為

他一臉失望地説:「每次想和她親熱,她都是諸多推搪,即使沒有拒絕,她在床上都冷冷淡淡無甚反應。丈夫辛勤顧家,為人妻子的,是否有責任對他好一點嗎?」

面對太太在床上的冷淡性反應,他不明所以,失望之餘,夾雜着絲絲憤怒。

「你希望太太用一種責任式態度和性反應,回報你的辛勤顧家?」我問他。

「我當然希望她可以投入多一點,畢竟性生活愉快對夫妻感情有很大影響。」他清晰答道。

「你會怎樣牽動她的性慾,協助她投入性生活?」我再問。

「我已比以前多做愛撫及前奏,希望能盡量令她放鬆及興奮,但似乎對她的投入,無明顯幫助。」他無奈地説。

很多男人將性視為本能反應,認為性生活愉快與否,是技巧之問題。故當伴侶對性反應冷淡時,他不是懷疑對方性冷感,詰責她不回應自己的性需要,就是憂慮自己的性能力和技巧不足。

這種以「問題和責任」為取向的思考方式,常導致夫妻關係更加緊張。

在婚姻關係中，性是一件十分奧妙的東西，是夫婦之間最親密的接觸，聖經更以「二人成為一體」來形容之。性也是夫婦間充滿趣味的遊戲，對提昇夫婦感情有莫大幫助。一旦性生活出現不協調，往往又會是夫婦之間難於啟齒的話題和矛盾，甚至可以演化成為兩人之間極具殺傷力的武器。

女人心中的「做愛」
——有愛的感受才有做的慾望

「近來我覺得我們的性生活不人惬意，好像只是我有需要，而你沒甚興趣，當然更說不上你會投入！」這是他第一次向太太說出在床上的不悅感覺。

「那麼，你有否考慮我的感受？就以上床時間為例，除了你想與我做愛，有多少個晚上你會與我同一時間上床睡覺？大多數晚上都是我在床上睡我的覺，你在書桌上幹你的事。」太太繼續說：「這樣的性生活，像只是滿足你自己，何來樂趣？」

原來她缺乏做愛的意欲，是因為感受不到他愛她的意欲。

和諧及理想性生活，很難以簡單的標準來定義，但男女對性愛理解不同，肯定是不爭的事實。若問：「最深刻的肉體接觸是甚麼？」我相信大部分男士認為是性交；但對女性來說，最醉人的感覺可能是被深愛的人擁抱懷中。

若男士只視性交為親密的重要任務，忽略其他生活接觸，夫婦性關係和婚姻關係，遲早會出現問題。

性生活稱為「做愛」而非「做性」，意義不應是純肉體發洩，而是滿足彼此需要，感到愛與被愛的過程。若單從自己需要出發，以性視為征服對方、自我滿足的表現，或將性用作履

行責任、償還恩怨的手段，都難以令雙方帶來真正滿足。

當感到性生活不如意，或許需首先反思自己是否已掌握伴侶的需要？交流彼此需要，不斷了解和協調，不只是婚姻生活的進程，也是性生活的進程。

性，不只是床上的事

為促進對話和了解，我建議他回家多與太太談一些近來的生活狀況，多做一些與性無直接關係的接觸。

他帶着疑惑的心情在一個星期日晚上，約了太太在一所餐廳用膳。

在另一個週末黃昏，他與太太在晚飯前，沿着城門河邊，悠閒地散步了一小時。

沒有甚麼必須做，也沒有甚麼必不須做，是一種無拘無束的寫意，兩人在悠閒和自在中，重新連繫起來。自從子女出世以後，這些單獨約會已經久違了數年。

現代人實在太忙，每天都在趕，趕地鐵、趕上班、趕工作、趕下班、趕送子女上學、趕煮飯、趕家務、趕子女做功課和溫習，夜深上床時已累得半死，還要趕做愛。累透的身軀仍然要體力勞動，是受苦還是享受？

每個人都希望每件事可以如計劃般執行和完成，否則便若有所失。漸漸地，大家都習慣按着緊密急速節奏運作，活得像機器，早已忘卻自己和身邊人原來是有情有淚。

「自從完成職業訓練課程，我多次提出外出工作的念頭，你不是若無其事或支吾以對，就是在忙這忙那，卻從沒有詢問我

的情況和主動了解我的想法。轉過頭在床上，冷漠突然變得熱情，真的難以理解，難道我只是滿足你性需要的對象？我當然不能接受。」在另一個晚上，太太向他揭示心中的鬱結。

他漸漸知道，女性的性邏輯與男性截然不同。對很多女士來說，性慾與情感，往往同源。

他開始理解，如果太太覺得他只是對她的身體有興趣，最多他只能夠擁有責任式或交代式的性生活，和諧及雙方投入的性生活，將會是可望而不可及。

性先生開始明白，情女士的性愛邏輯和他並不一樣。

數星期後，他開心向我表示，太太前晚主動提出親熱，他們重拾一種久違了的投入和性愉悦。

「轉捩點在哪裏？」我問他。

他覆述了我曾經在講座中説過的一句話：「要掌握女性是感情動物，才容易讓她轉化為性感尤物。」

全天候式的性前奏

很多人對性愛存有不少誤解，認為理想的性生活定必次次激情，每仗均能高潮迭起渾然忘我。帶着如斯期望上床，閨房之樂遲早會被壓力和失望所拖垮，因為性愛除了激情澎湃，也可以是悠閒溫馨隨意，全在乎當時環境、心理及身體狀況。

能夠欣賞並享受不同的做愛性質，比硬要強調雙方都要有高潮，可能更能體會性生活的輕鬆樂趣。

性可以為夫妻生活增添趣味，但生活中各種安排也可能影響性生活的質素。當生活過於忙碌，沒有時間和配偶相伴溝

通，那就不大可能擁有雙方都覺滿意的性生活。

彼此真情對話、一刻默然相伴或依偎、拖拖手、抱抱腰、一句關心話、一個幽默笑話、協助對方做點家務、奉上一杯熱茶、給對方按摩肩膊輕鬆一下……都可以是一個很好的前奏。

性不單是床上的事，也是一個貫徹於日常生活中的全天候過程。

給自己的問題

婚姻能夠持久，不是單單靠「愛」伴侶，還需要了解伴侶。你對伴侶的身與心的需要，有多少掌握？

性治療師話你知

知己知彼的觀念，在情性關係上一樣可以應用。男女性慾反應周期（Sexual Response Cycle）都同樣會經過四個階段（興奮、持續、高潮、消退），但兩者在情感表達和性慾表達卻有很大不同：

1）性需要和性慾

男性：易受視覺刺激，性慾易激發，將性視為一種優勢、權力或是純生理發洩（家庭、性、愛可以分開），可同時擁有多個性對象。

女性：感情作基礎，性慾反應較慢，將性與感情及親密感連結（性非獨立，需配合生活），當陷入多重性關係時會有分裂感而覺得焦慮。

2）性與情的表達

男性：情緒較隱藏，性是表達親密的方法；在性中感受愛，性表達較主動能夠滿足自我和能力感。

女性：性慾較隱藏，用言語表達親密；感受親密下容易釋放性慾，會以性作防衞來表達自主。

3）性高潮

男性：非常清楚及簡單，可於 2-3 分鐘內由興奮到達高潮，而且消退也快，事後性慾及性反應急速下跌。

女性：較複雜，由興奮到高潮平均需要 13-15 分鐘，高潮感覺消退較慢，事後仍需要親密接觸。

無性婚姻

有一些表面羨煞旁人的夫婦，當踏進屋，關了房門，走到床上，會是另一個世界。

人前恩愛的夫妻，人後卻沒有做愛

她已婚八年，樣貌端莊，只是神情有點茫然。茫然，是因為她不知道應該尋求改變，還是要接受現實不變。

數星期前，媽媽跟她談起生育打算，認為她年紀不輕，生育就要盡快把握時間。已婚未有子女的女士，被別人問「幾時生？」本是平常事，過去，她會以應酬式態度輕輕帶過，但這次媽媽認真的跟她談，牽動了她一直抑壓着的情緒。

她走進輔導室，正因為這事。

「過去五年，我們連性生活也沒有，怎樣生？」原本說話很有條理的她，有點激動的繼續說：「初婚時，我們的性生活次數已經不多，跟着越來越少，由起初每月一次至後來兩、三個月一次，婚後三年，我們已經沒有做愛。」

「別人問我生育打算，我可以怎樣說？難道說我們已經沒有做愛，還是向人說他不想親近我？」她帶着失望與無奈說。

其實那份苦澀與傷感，她早已習慣，亦很努力封存內心的失望與無奈，在人面前繼續表現他們是令人羨慕的一對。但媽媽這次跟她談，將她以為已經封存的情緒黑盒，再次打開。

無性婚姻

無性婚姻是指夫婦之間沒有做愛,情況一般有兩種:1) 自結婚開始,從沒與伴侶發生過性行為;及 2) 婚後有性行為,但次數越來越少,最後降至零。

完整的性行為周期包括興奮、高原、高潮及消退四個階段,無性婚姻不僅反映沒有性行為,甚至是沒有性慾,第一段階段的興奮也沒有出現。

有些人沒有性慾,是在特定對象(Specific partner)情況下出現,意謂他在其他時間有性慾、自慰,甚或有其他性伴侶,只是當面對配偶,就失去性慾或出現性功能問題,導致沒有性行為。

性生活次數沒有客觀標準,只要經過兩人協調,以及覺得舒適,無論是一星期數次或數星期一次,都不是問題。但當需要與期望不符,無法滿足又無法協調,漸漸成為無性婚姻,就有機會演變為感情關係問題。

丈夫迴避身體親密是因為太太沒吸引力?

「我們的感情原本不錯,除了性以外,但不知是否因為性關係出了問題,我們的距離也越來越遠,他更有點想迴避我的感覺。我試過在梳化坐時身體挨近他,他會去喝水,不知他是否怕我有進一步親密接觸,就連所有身體接觸也迴避?」她眼泛淚光的説。

除了沒有做愛,他們連擁抱和接吻都沒有。有時上街她會主動挽一挽他的手臂,但回到家中,身體的距離又再出現。

做愛，只是表達親密的其中一種方式。如果接觸代表接納、支持與安慰，她失去的，不單是身體親密，還有情感親密。

「最親的人避開自己，感覺真的很難受。我曾經想過是否自己身材差，所以引不起他的性慾？或許，他不是沒有性需要，只是對着我時沒有。」

丈夫對性的拒絕，開始延伸到她懷疑自己沒有吸引力，不能引發丈夫的性慾。這種自我否定，令她也不敢在丈夫面前展露身體。不知不覺間，原來她也開始迴避他。

過去幾年，她十分投入工作，積極進修，還在餘閒參加義工服務，誰知積極陽光的面貌背後，是灰濛幽暗的心。

丈夫為了迴避性生活而製造忙碌

她曾懷疑丈夫有婚外情，因為從女性角度看，男人沒有性需要，可能是他在外已經得到滿足。

「我問過他是否有婚外情，他矢口否認。但一個在壯年的男人，為甚麼會沒有性需要？」她繼續說：「我提議過他看醫生檢查一下，也建議過一起找婚姻輔導，但他不是指自己沒有問題，就解釋是疲倦或工作壓力影響，總是推搪遲一點再安排，說下拖下，已過幾年。」

「那麼多年，問過、哭過、投訴過，也不知問題在哪裏。漸漸地，我也變得沉默不再說，因為當用盡方法也不能改變時，除非決定分開，否則還可作甚麼？」

雖然她變得沉默，但兩人相處的張力並沒有減少，很多時丈夫都會在書房工作到深夜，待她入睡才返上床，雙方似乎找到一個沉默的「默契」，不再去談這個大家都迴避的問題。

有些夫婦因忙碌而減少了性生活，丈夫卻因要迴避性生活而製造忙碌。

　　其實她也想將問題埋藏，因為撇開性，他們的關係算是不錯，所以如果沒有性生活不是問題，他們之間也真的沒有甚麼問題。只要放下性，這對在別人眼中很登對合拍的夫婦，繼續可以如常合作分工和生活。

有愛無性可以嗎？

　　她承認曾想過離婚，因為身為配偶，發現自己不能吸引對方卻不明白為何對方抗拒，又沒有解決方法，內心的孤單與乾涸，實在難以消化。但她又很難接受自己是因為「性生活不滿足」而離開他，畢竟這與傳統女性應有的矜持相違。

　　「只要兩個人真心愛對方，是否可以有愛無性？」

　　「愛一個人不是要接受他的一切嗎？」

　　這是她經常思考的兩個問題，不過與其說是思考，倒不如說她在說服自己接受這段令她鬱結的婚姻。

　　"What has been seen cannot be unseen."，欲蓋只會彌彰。「沒有性，可以嗎？」這個問題其實她早已有答案，否則不需要克制自己的需求，抑壓內心的對性情的渴求，埋藏深邃的情緒黑盒。

　　不少人將性視為慾望，是生理需要，重要性比愛低，出現了愛比性重要的想法。但為何要將性與愛放在對立面？

　　如果性是親密關係中的需要和渴求，當期望失落，又有多少人能「堅離地」的漠視一切，只去談精神層次的愛？

如果性不只是性慾和性行為，而是愛與親密的表達，當性生活歸於零，連身體的接觸也失去，誰說不會影響雙方的愛？

性不只是「我」或「你」的問題，而是一個「我們」的問題，因此她需要的不是將問題單獨扛上身，而是要邀請丈夫入局，為這段已經褪色的關係，探索重新着色的可能。

給自己的問題

沒有性，你必定可以生存，但會失卻很多親密的味道，如果你的婚姻味道變得乏味，你接受到嗎？

性治療師話你知

性生活是夫妻體會親密的重要途徑，缺乏性親密，失落的絕不僅生理需要的滿足。研究發現，穩定和適量的性生活會有下列好處：

1）放鬆減壓，提高免疫力

有固定性生活的人，免疫球蛋白 A 的抗體量會增加，提升免疫力，預防感冒。人面對壓力會較易生病，愛和性有助情緒穩定，從而增強免疫力。

2）心情愉悅，驅走抑鬱情緒

性愛過後，人的內心會滿足舒暢，體內雄性激素濃度增加，會令情緒得到改善。

3）消耗熱量，促進新陳代謝

每次做愛約燃燒 200 卡路里熱量，同時促進腎上腺素分泌，加速脂肪燃燒，促進血液循環，對心臟有好處。

4）愈做愈年輕

固定性行為令身心機能保持良好狀態，人看起來比實際年齡年輕。性愛可促進雌激素分泌，讓女性皮膚更白皙，高潮更可以活躍女性的新陳代謝達至抗老效果。男性則會增加睪固酮分泌，精神和體力會變好。

5）提升親密，感情加溫

親密身體接觸令伴侶兩人增加幸福感，當人在床上表現良好，不僅可以增加彼此身體接觸而來的快感，還會增加自信和能力感。

寧願上網不上床

女人會跟別人傾談表達需要，男人則會用自己方法解決需要。

丈夫看 AV 自慰也不與太太做愛

昔日，經常聽到男士埋怨太太在床上保守被動，近年則經常聽到女士投訴丈夫逃避上床。男女在床上追逐角力多年，在角色上開始來了個轉換。

他們結婚近兩年，但性行為次數少於 10 次。雖然性生活質素不應以次數衡量，但她相信性生活是婚姻關係質素的一個重要指標，故此一直忐忑，只是不知怎樣開口跟他説。

月前，她看到丈夫瀏覽色情網頁，並懷疑他有自慰。有一天，她在家中清潔地方，在「有意識」的不小心下，開啟他的電腦，發現儲存了很多 AV 和裸女圖片。望着那些 AV，她腦海裏浮出一幅丈夫在邊看 AV 邊自慰的畫面。

回想過去數月，丈夫經常深夜仍坐在電腦前，以為他工作忙，原來只是延遲上床，迴避和她親密接觸。

起初以為他壓力大，導致性慾減少，但原來他經常都有性慾，只不過性慾對象不是她。

「為甚麼他對虛擬影片和圖片的興趣多於自己？」

「自己是否如此差勁，不能吸引他？」

「結婚兩年已如此，還有甚麼將來？」

想到這裏，她的不安轉為憤怒，於是在當天晚上，向丈夫大興問罪之師。

面對她的責難，丈夫用了很多男人常用的技倆：淡化有關行為的嚴重性、解釋只是偶然看看不是習慣、承諾改變……，目的是想化解當刻的衝突。

「有時工作忙，看看解悶而已。」

「只是看看，又沒作過甚麼出軌的事。」

「你不喜歡，以後盡量不看吧！」

然而，應付問題（Coping）並不等於解決問題（Solving），她也沒有因為他的解釋而安心。

太太愈監察愈不安，丈夫愈被監察愈感束縛

往後，她經常留意丈夫的上網行為，查看他的上網紀錄，時常提醒他不要「行差踏錯」。但她的留意和提醒，不但沒有令雙方親密感增加，反而她內心的疲憊和不安越來越強。

疲憊和不安，是因為改變對方的責任，不知不覺地由她去承擔。丈夫的電腦與電話，漸漸成為她的注意焦點。但她愈是監察，愈擔心走漏眼，就愈不能信任他，於是要更加提高自己的警覺性去監察他。監察和不安，責任與疲憊，不斷循環地互相強化。

面對被監視，丈夫也開始感到束縛和被控制，愈發想擁有個人空間，愈懷念和享受一個人坐於電腦螢幕前，想看甚麼只需輕輕按鍵的那一片自主天地。

她與丈夫的關係，開始演變成「一個追、一個避」的互動模式，窒礙了雙方信任與同步合作的空間。

與 AV 女優比較，害怕自己對丈夫失去吸引力

結婚不到兩年，丈夫已經對自己失去性慾，她除了對他憤怒，還有對自己的憂慮。

「丈夫看得多 AV，會否對夫妻性生活有影響？」她問。

「你所指的影響是……」

「看得多那些身材出眾、火辣熱情、性技巧高超的女演員，他可能會對真實的性生活不感興趣。而且，真實性生活不可能如 AV 那樣款式多多，他會否和我一邊做時一邊想着那些 AV 演員和情節？」她道。

原來她擔心自己對丈夫不再有吸引力，即使她仍年青，身材並未走樣，仍是覺得沒法跟 AV 女演員比較。

人與人之間接觸時，有時很難避免互相比較，但現實生活中，我們一定不會像 AV 中的情節，隨便跟一個送 Pizza 上門的外賣員做愛。至於 AV 中常出現的性行為動作，不會有很多人認為伴侶會享受被黏與腥的精液滿載口中、塗在臉上的感覺。

AV 女演員不是現實中的人，她是一個經過挑選，透過劇本、燈光、聲線與攝影技巧塑造出來，任何時間地點都來之不拒，性慾無邊與性能無限地以性為中心的虛擬角色。AV 的目的，是透過視覺聽覺刺激，在短時間內牽動觀看者的性慾，再透過性幻想與自慰，達到性高潮。

若單從磨擦而來的刺激，AV 加上自慰應該是個可靠的途徑獲得高潮，但性從來都不是性器官的磨擦。

要改善性生活，還是從兩個人的上半身與下半身的經驗探索為佳。

虛擬性行為快靚正；現實性行為性能有限

他與太太關係不差，為何寧願捨棄真人，追尋虛擬影像來滿足性慾？實在頗有點令人費解。

直至那天聽到他的自述，才發現在性生活中感到失落的，不止她一人。

他少年時已開始看色情電影，片中無論場景與時間如何變化，內容都千篇一律的是男人神勇、女人豪放，男女相遇，就能翻天覆地的幹一番。又或當滑鼠一按，各國佳麗，燕瘦環肥就任他挑選，那一刻的強烈視覺刺激與無邊幻想世界結合，不費心力就能享受和完成「興奮、高原、高潮及消退」的性慾周期，名副其實的「快、靚、正」。

在虛擬性行為的世界，視覺刺激性慾，陰莖勃起，用手套弄，一切簡單容易。但回到現實中的伴侶關係，性生活的過程和元素完全不同，兩個人比一個人複雜得多。

有一次，太太因為未有足夠陰道分泌而感到痛楚，那一刻他不知道是應該繼續還是停止，他覺得有點「進退失據」。

又有一次，他因為身體疲累而感到有點勃起困難，面對這個男人的最大恐懼，他難以接受自己「性能有限」之餘，又擔心沒有能力去滿足對方。

亦有一次，他在未進入時已經射精，他又開始擔心以後「早洩慢不來」。

希望自己了不起，卻看到自己「起不了」；渴望有愉快性生活，卻擔心自己成為「快槍手」。如何做愛做得好，開始成為他的擔心與壓力。

他在床上的遭遇和擔心，其實是初婚者十分普遍的情況，但對他而言，這些焦慮，是以前在虛擬影像和自慰經驗中，從沒發生過的。再加上下了床後的夫妻相處方式和生活中的相異與衝突，搞得兩人的情緒如五味雜陳，來不及思考雙方如何協調和合作，他已開始棄械投降。

在虛擬世界，身體經驗令他找到自主、快感和滿足，但在現實世界，他卻經驗不濟、焦慮和失落。

他寧願留在電腦桌前，也不走到床上，是因為他不想看到那個充滿不安與焦慮，連自己也不想看到的自己。

雖然結了婚，他卻未懂得怎樣走進兩人的性親密世界中。

和諧性生活，是需要夫妻兩人經過協調和合作建立出來的，但他一直用「我」的方法，去解決「我們」的問題，所以夫妻的親密感覺也愈溜愈遠。

兩個人的性關係，比一個人的性行為，複雜得多。

給自己的問題

如果你也沉醉於網上情色，是否已經弄清你是在找尋性的滿足和發洩，還是在迴避現實的情感關係？

一位新婚女士問：「丈夫對我在床上的反應很不滿，指我做愛不投入，說我是性冷感，其實甚麼是性冷感？」

治療師：「性冷感的正式名稱是『性慾障礙』（Hypoactive Sexual Desire Disorder），指一個人持續缺乏性慾，對性失去意欲和動機，甚至對性抗拒。除了生理因素，問題很多時與心理因素和伴侶關係有關。

性慾障礙非只出現在女士身上，男士也同樣會發生。由於欠缺經驗，不少新婚夫婦的性感覺不一定如想像般美滿。因為心情緊張、前戲不足，女士很多時未有足夠陰道分泌而男方就進入，令她出現不舒服或疼痛而導致做愛意欲減少；男士則因欠缺經驗，擔心自己表現和能力不能滿足對方，心理壓力導致早洩或勃起功能障礙，也可能因為焦慮失敗而減少做愛。

伴侶需對大家的需要和期望作了解，對性愛的過程和頻率作出共識，增加前戲營造氣氛，學習放鬆，當慢慢掌握節奏和反應，就能享受性愛的愉悅。」

性技巧與性快感

有人透過不同的性技巧提高性快感，也有人經驗性快感後追求更多性技巧。

不同性愛姿勢就能增加情趣？

在一份報章副刊，看見一個「神級性愛體位」的標題，文中介紹了幾個做愛姿勢：「直升機360旋轉」、「女士倒立頭向下」、「女士肩膊支撐」。單看名稱，令人聯想起高難度的體操動作，如非身手不凡或訓練有素，照單全收，定有一定風險，輕則拉傷，重則對腰頸以至性器官做成創傷。盼曾看過該篇文章的人，只視作笑談，否則睡床將由最安全的地方，變成最危險的陷阱。

不少人相信多變的性技巧及不同的性交姿勢，會提升性興趣及性快感，令性生活更美滿。已婚超過7年的他，也有着相同的想法。

「以前只是以『男上女下』姿勢進行陰道性交，多年來都是同一動作，覺得有點乏味，希望性生活可以多點變化。」他說。

為了與太太的性生活增加情趣及新鮮感，他從網上搜集了不少性愛技巧的資訊，由文字、圖片到影片，由引發性慾的前奏撫摸挑逗技巧，到男上、女上、對坐、側入、後進、站立等不同性交體位，以至一些如「九淺一深」的插入動作，細緻而具體，令他儼如一個性愛專家。

他對提升性愛快感的動機與付出，起初

真的獲得如願的快感，但近來卻感到情況有變。

「在 AV 中，看到不同的性愛姿勢，既覺新鮮又有快感，我就會在做愛時嘗試一下。」他繼續說：「初期，不同性交姿勢的確令到性生活快感增加，起碼沒有以往的單一沉悶，但後來不知甚麼原因，太太對做愛的意欲漸漸減低。」

丈夫的性技巧很好，太太的性感覺卻很差

他覺得自己在性生活上很投入，性技巧也不斷改良，但太太卻有不一樣的感覺，而且反應變得冷淡，他開始想……她是否性冷感？

他像很多男人一樣，認為床上愈多花樣，女人就愈會有快感，愈易有高潮。若性生活出現不協調或不愉快情況，要不是自己的表現或技巧不足，就是對方出了問題。

輔導室內，夫婦兩人各自就着在性生活中的體會作出交談。

「如果 0 分是最惡劣，10 分是最佳，你會給自己在性行為的表現和感受，打個甚麼分數？」我問他們。

「我會給 7 至 8 分。」丈夫想了一會後答道。

「你基於甚麼因素給這個分數？」我問他。

「做愛時，我知道女性需要多點前奏，所以我比以前多留意這方面，我覺得撫摸她的方法也做得不錯，而且我會用不同的性愛姿勢，增加新鮮感和大家的興奮度。」他說。

「性生活不應該只是做愛技巧，況且太多姿勢，經常轉換，不一定好。」他話未說完，身旁的太太已急不及待插嘴。

「你似乎對性生活的理解和感受，跟丈夫有些不同，那你給你的性生活，打個甚麼分數？」我問她。

「按我評分，我最多給自己在性生活的投入程度和滿足感4分！」她回答説。

身旁的他，聽到太太對性生活的體會跟他有如此大的落差，詫異之餘，有點不明所以。

太在意性技巧令性愛質素下降

「起初我也覺得性生活的變化和新鮮感多了，尤其是他多了前奏，我也覺得 Enjoy；不同的性交姿勢，也確曾帶來快感和興奮，但漸漸地我覺得他的專注點，似在研究那些技巧有用有效，在過程中經常問你『High 唔 high ？』」她停頓數秒後繼續道：「做愛時，不停轉換姿勢，太多了！多得像在工作，像表演。」

「我覺得性不需要像在表演，或是像拍 AV 一般，當經常在意要做得更好更 High，精益求精，反而有點刻意，欠缺自然。這樣的性生活狀況，是趣味還是乏味？」她覺得他對性技巧的投入，多於對雙方性關係和性感受的關注。

「令我最反感的，是在睡着時被弄醒。」她繼續説：「沒錯，我喜歡你親近我，但畢竟經常被人在熟睡中弄醒，不是舒服的事，只不過因為考慮性生活對夫妻關係有很大影響，所以沒有拒絕。」

「你有不滿卻一直不表達出來，對你們的性關係有甚麼影響？」我問她。

「我開始感到對性的興趣慢慢減低。有時他要上通宵班不回家的那個晚上，我反而有點放鬆感覺。」她想了一會繼續說：「有時自己不太投入，但又不想他失望，我試過假裝很享受，並希望快些完事，避免令他覺得做得不夠好，又作更多的改善和變化。」

原來，為免令他掃性和掃興，她也用她的表情技巧，去回應他的性技巧。

當他以為自己能將睡眼惺忪的她，由混沌迷糊狀況，弄至興奮快感境界，正為自己的性技巧感到自豪時，原來性愛的趣味與性慾，開始靜悄悄地仕她心中溜走。關係有時就是這樣弔詭，他的強項，在敗筆的地方中呈現。

起初，他經驗過不同做愛姿勢的趣味，覺得性技巧對提高性快感很有幫助，於是更着意做愛姿勢的變化。「女上男下」、「前坐」、「後坐」、「站立」、「後進」、「側入」……，在做愛時不停轉換移動，及後出現物極必反，技巧姿勢慢慢成為性愛重點，人的感覺與雙方連繫，反被忽略。

不知不覺間，增加性技巧慢慢成為他們性愛質素下降的元兇。原來太太不是性冷感，而是對他的性態度反感。

性技巧要配合雙方的生理及心理狀況

他的做愛技巧與姿勢，參考了很多 AV 內容，卻忽略了 AV 中的性愛是一個虛擬世界和商品，目的只是刺激觀眾的感官和性慾，頻繁地轉換姿勢也是為了拍攝需要，滿足觀眾的視覺刺激。有些體位姿勢和方法，在真實的性生活中會令人覺得不舒

服，更遑論要帶來快感。如果將虛擬視作現實，受累的必是自己，生活如是，性生活也如是。

良好性技巧，是指在充分了解雙方生理及心理狀況的基礎上，配合不同接觸方式或體位，提升性快感。除非雙方都接受和享受，否則過多的技巧轉變或刻意的性技巧操作，只按「性技巧指南」的功夫指導去追求性趣，反而削弱了性與愛的連繫和專注，阻礙性感覺升溫，也令伴侶做成心理障礙或抗拒，結果適得其反。

如果他只看到自己而看不到她，只着意姿勢而不在意她，再高超的性技巧，也不足以令他成為一個好的性伴侶。

性生活與很多人生的處境相似，過猶與不及，同樣會出現問題。

最好的助性工具，不是 AV，也不是性玩具，而是兩個人努力經營感情的誠意和態度。小小的動作，有時勝過強烈的感官刺激。聽一段輕鬆音樂、細語的分享說說笑、欣賞對方的身體、溫柔而不急色的撫摸對方身體，都不很費力卻又有效果，不妨試試。

給自己的問題

真正能體會性快感的人，不會以技巧和次數來量度滿足感。你會用一把怎樣的尺去量度自己性生活的滿意度？

輔導室內的性問性答

一位女士問：「我丈夫購買了『電動按摩棒』、『假陽具』及 AV，想用來增加性生活情趣和興趣，但我覺得有些尷尬和擔心，使用這些情趣品真的能夠對性生活有幫助嗎？」

治療師：「情趣用品能否增加情趣？關鍵在於彼此對物品使用的共識，以及如何使用物品。性愛高潮，建立在雙方的坦誠溝通，以及大家都能接受的技巧。

如果欠缺共識，性愛只是追求感官刺激，缺少情感連繫，是很可惜的事。若兩人相愛，經過溝通和共識，適當採用情趣用品，的確可以促進性愛新鮮感和樂趣。」

令性愛圓滿的前奏與後戲

和諧性、愛關係是要在一個彼此理解、適應和接受的過程中孕育出來。

為了丈夫自尊不敢說出性需要

哲學家尼采曾經說：「同樣的激情在兩性身上有不同的節奏，所以男人和女人不斷發生誤會。」

如果問男士最深刻的性接觸是甚麼？哪一部分最重要？答案可能是陰道性交。但對女性來說，最窩心的感覺不一定是那些抽插動作。

「做愛過程中，我最喜歡前奏。我甚至不介意他在性交上能撐多久。」一位太太向丈夫分享對性愛的看法。

丈夫覺得有點匪夷所思，因為一直以來，他認為陰莖夠硬及高潮爆發，才是性行為的重點。

「做愛時，常覺得他像很趕急，只集中撫摸我的胸部和下體，其實太長時間摸撫這些部位，會有痛的感覺。有時下體未有足夠分泌他就進入，甚至會覺得痛，但他就像是完成了任務。」這是她第一次為自己在床上的身體感覺說話。

「你有不舒服感覺，為何不跟他說？」我問她。

她躊躇了一會後說：「不知怎麼說……或許是擔心說了後，他會有甚麼猜想或誤解？畢竟男人對自己的性表現很敏感。」

性，可以做，不會說。因為不曾讓丈夫知道她的需要，丈夫也不知道如何按她的需要去取悅她。

性愛質素與前奏、性交及後戲的時間有關

英國《性醫學雜誌》曾經就性愛時間，向 5,000 多人展開調查。數據顯示，有 12.7% 的人在做愛時完全沒有前奏，41.3% 的人前奏時間短於 3 分鐘。

高質素的性愛，應該包括前奏、性交及後戲三部分。有性學家建議三部分的時間叫按 2:3:2 的比例作分配。如果整個性愛時間為 30 分鐘，前奏時間約為 9 分鐘；年紀愈大，前奏時間愈要增加，以便身體放鬆與準備投入。

性愛質素與時間有關，不過不是做愛時間的長短，而是時間的分配。

在三點式前奏之外，發掘伴侶的敏感部位

好的前奏，可以從視覺、觸覺、嗅覺、聽覺四大方向安排，包括：用燈光營造氣氛、挑逗調情說話、利用香薰鬆弛、聆聽對方的呼吸……，按雙方需要和喜好，促進性愛胃口，燃點性趣。

不少男士在前奏時，專攻女伴的三點（乳房和下體），務求可以在最短時間內「撩着」對方慾火。這個前奏觀念和性愛邏輯，很多時是源自 AV。

她繼續說：「很享受被擁抱和愛撫，嘴唇、耳朵和頸項都是我身體的敏感部位。」原來她需要的三點與丈夫集中的三點，

完全不同，畢竟 AV 目的是刺激男人性慾，與真實世界有很遠距離。

有技巧的女人，會先刺激男人最敏感和興奮的部位；但有技巧的男人，會先刺激女人較不敏感的部位，令她的性快感逐漸增加。

雖然每晚同床，他對太太身體的認識原來很有限，這一刻他才開始明白「最熟悉的事物，往往是最不了解」的道理。

除了已知的三點，多少人會知道伴侶可有其他敏感的身體部位？

額頭、面頰、眼簾、耳珠、耳背、頸項、頸側、背脊、腰部、臀部、手臂、手睜、手背、大腿、小腿、腳背、腳跟……？

人最大的性器官，是覆蓋全身的皮膚。適當的前奏，可讓皮膚經驗到被觸碰及被撫摸的溫暖，烘培出輕鬆及亢奮的感覺。

性交，是兩個性器官交接；性愛，是兩個人的相遇。兩者動作相似，重點完全不同。

前奏不足後戲缺乏令女性性慾降低

不少人認為自己懂得怎樣做愛，知道興奮激盪的前戲和水乳交融的爆發同等重要，但激戰結束的善後，卻未必有很多人深究和留意。相比前奏和性交，後戲是最多人忽略的一部分。

完事之後，女士會對轉身就呼呼入睡的男伴感到失落納悶；不少男士在身體傾洩之後，對嘟起小嘴問「你愛不愛我？」的女伴覺得難以招架。

「每次完事以後他轉身就睡，我雖然明白兩性生理步伐不同，但熾熱激情在急停冷卻，上一分鐘如膠似漆，下一分鐘只看着他的後頸背脊，這種強烈感覺的落差，到現在我仍未適應。我曾經想過，減少做愛是否可以減少因做愛而來的煩惱？」原來她在床上的失落，不只是前奏不足。

結婚不久理應熱情仍在，但前奏不足後戲缺乏，性愛的不快經驗，已開始侵蝕她對身體接觸的意欲。

高潮不是性行為的終點

完整的性行為包括：興奮、高原、高潮及消退四個階段，所以高潮不是做愛的結束。後戲是消退期的焦點，是激情過後的餘韻。

男人性慾來得速去得快，身體勞累埋頭苦幹之後想休息是正常的生理現象。女人性慾來得緩去得慢，如果與伴侶攀登高峰之後，對方立即離場，只餘自己緩步下山，靜待消退，那麼性生理滿足之後，就是性心理的失落。如果單以生理現象來辯解，大床上注定會出現難以拉近的鴻溝。

大部分動物交配多為傳宗接代，鮮有像人類般在性行為過程追求快感與親密，甚至認為親密與快感的重要性，高於生育。所以，除了生理元素外，還需智慧來達致身心和關係的平衡，不應穿上衣服就彬彬有禮，卸下衣服就獸性當道。

很多人談論性行為，多環繞在性功能、性姿勢、性技巧和性高潮。如果性行為的終點是高潮，那麼高峰爆發後各自轉身就是理所當然。所以，後戲的忽略，不單是技巧的問題，更是觀念的問題。

令人愉悅的後戲＝感受彼此互相需要

後戲，不是短時間內恢復體力，再來一次爆發。

後戲，也不需要太多「口舌」功夫，不斷說話，因為當男人身體疲累時，實在難以應付長篇對話，一些令人束手無策的問題，如「你愛不愛我？」應盡量避免。

女士們渴望激情過後，可以繼續肌膚相接，令她感到雙方仍然連繫。其實男性也不一定抗拒以輕鬆氣氛來結束樂章，若女伴在事後對他說：「剛才很舒服，感覺很好！」繼而相擁入睡，相信男士們都歡迎這個大餐後的享受。

激情過後，一個眼神、一個微笑、輕吻面額、輕撫背部、互相依偎、相擁而睡，就像佳餚後的甜品，令人滿足愉悅。

魚水之歡，關鍵不在於誰是魚、誰是水，而是明白雙方同是魚，也同是水，彼此有需要和被需要，渴望被取悅卻又願意取悅對方，同時經驗生理與心理的滿足。

當性慾緩緩退卻，仍能真正擁抱對方，會令人更能體會愛的實在。

給自己的問題

完整的性愛有三部分，你懂得分配嗎？你是否懂得做愛，還是只在進行陰道性交？

一位中年男士問:「朋友說他隔晚就做愛,但我和太太通常每星期只做一次,是他太多還是我太少?做愛次數到底有沒有正常標準?」

治療師:「性生活次數不能用一個簡單數值作標準,因為每對夫婦的體能、情緒和生活環境都不同,必須按雙方情況做調節。

有時性生活的頻率是否適當,可觀察性交後的感覺作參考。如果雙方个覺疲倦,仍然精神飽滿,就不必擔心過度;如果有精神不振、食慾下降或頭昏腳輕,可能就需要節制一下。

隨着婚齡增加,有些夫婦會減至一星期一次,甚至一個月一次,只要夫妻感情關係和諧,次數多少都不是大問題。

親密關係可以透過日常生活中的身體和肌膚接觸中體會,不是在上床時才出現。」

chapter 03

不忠誘罪

婚外情是當代婚姻的最大殺手——不再是男人有錢就變壞，也不是女人變壞就有錢。或許，也不是關係中沒有了愛，可能只是我們漸漸不懂得愛。

當對情與性的理解越來越模糊，建立親密的能力就會越來越薄弱，那麼無論是出軌者、被背叛者或第三者，可能在擁有時不會知道有一天會失去，當失去時卻不知道自己擁有過甚麼。

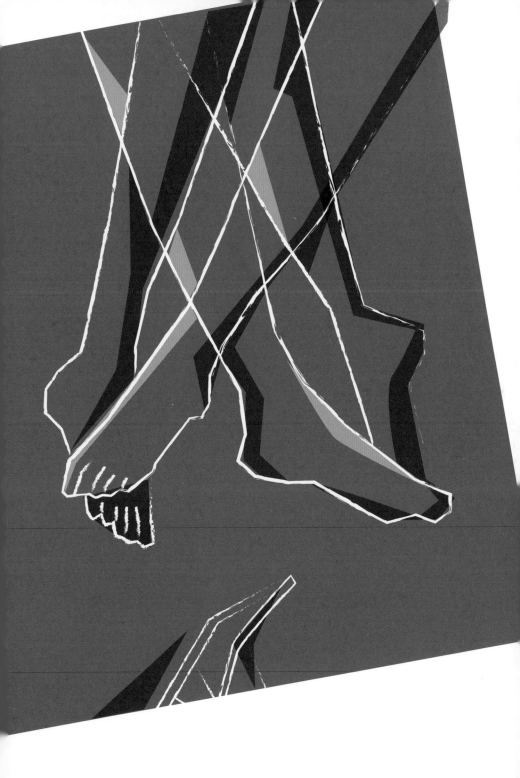

心出軌

曾經有人說：男人出軌，是因為家外的女人；女人出軌，是因為家中的男人。

發現太太與男士調情

數月前，丈夫留意到她的日常生活表現跟以往有很大不同。以往打扮樸素的她，衣飾變得鮮艷，在意外表儀容；過去她準時放工，買餸回家做飯，近來不是要加班工作，就是晚上約了朋友。她的改變，令丈夫起了疑心，開始對她多加留意。

有一次，丈夫在她的電話中看到她跟另一個男士的對話訊息，關係不似是普通朋友。對話非常頻密，更重要是他們的對答帶有情話味道。他項背一涼，直覺告訴他：出事了！

「結婚多年，自問忠於婚姻，究竟發生了甚麼事？她是否已經變心？每日見面，一切如常，為何她不動聲色的跟另一個男人搭上？」他一直在想，估量不出半點因由，疑問夾雜着震驚和憤怒，一片混亂。

他本想向她質問，但不知從何說起，又怕愈吵愈亂。幾天後，他終於按捺不住，向她提及看過她電話內那些男女調情的對話。

她承認近來與一位男同事來往甚密，兩人傾談很投契，並會相約晚餐。跟那男同事一起，她有一種被關注的感覺，也不諱言對男同事有超過普通朋友的好感。但她強調從沒有跟那男同事上過床，極其量只是「心出軌」。

與丈夫情感疏離，
心出軌中滿足情感需要

「那男同事跟我丈夫很不同。」輔導室內她對我說。

「近年，我們的婚姻生活很穩定，穩定得有點呆滯。以往兒子未出國讀書，我們還有一個共同關注點，現在回家對着四面牆，有時整晚沒說一句話。一起吃飯，他望手機多於望着我。有時我也搞不清是他不想說話，還是不想跟我說話？我提議外出晚餐，假期到外走走，他卻說累不想外出。」

她繼續說：「至於性生活，也是例行公事，每隔一段時間覺得應是時候做一次，那就幹一次。我們對上那次做愛，已經是兩個月前。」

她起初有間歇埋怨，但丈夫不想衝突，以沉默作回應。面對覺得難以改變的失望，她也沉默下來，兩人漸漸建立了一套相敬如賓的相處模式。一切生活作息家庭事務，都預期地理所當然的運作，理所當然得不再需要用心專注。這種 Body presence but mind absence 狀況，令他們發展到有關係未必有感覺的地步。情感疏離，原來有跡可尋。

當遇上那男同事，她在原以為難以逆轉的被忽略感覺中，找到重燃生活熱情的可能。

在外，她享受那種曖昧感覺的絲絲甜蜜；回家見到丈夫，心中卻有絲絲內疚，即使她從沒有「身出軌」。

當丈夫知悉事情後，她內心出現很大矛盾。矛盾，是她一方面擔心緊張丈夫會有甚麼反應，另一方面又想看看他會否有緊張她的反應？

以還債補償的心態做愛去修補親密關係

兩個人經過對話，希望可以一起修補感情。

聽到丈夫願意原諒她「心出軌」，她心中有點「內疚的喜悅」。內疚，是即使沒有「身出軌」，但她心底裏仍然覺得自己做過傷害婚姻關係的舉動；喜悅，是因為丈夫仍然珍惜她、接納她，這是一種被重視的感覺，是她一直期望但過往覺得是遙不可及的事。

為釋除丈夫疑慮，她回復以往放工回家的生活模式。

在丈夫「要求」下，她也停止鮮艷打扮，回歸樸素。對丈夫而言，她外表艷麗，容易招惹狂蜂浪蝶，但他卻不知道，她最渴望吸引的人，原來是他。女性裝扮是想悅己悅人，但基於內疚，她只得放下自己的想法和意願。日子漸過，她開始有點弄不清修好與討好的分別在哪裏。

原來，重新開始並不一定是從心開始。

她面對的另一個煩惱是性生活。

跟以往相比，丈夫的性需要比以前大幅增加。以往，他們一、兩個月做愛一次，現在性行為次數的增幅，倍數上升，甚至試過連續五天，他都要求有性行為。

　　「起初是開心愉快，我自己也很投入，畢竟這是一件親暱的事，而且過往幾年我們的做愛次數一直減少。」她繼續說：「但當幾乎每晚都要做，或熟睡時被吵醒要求做愛，實在有點吃不消和疲累，因為明早還要起床上班。」

　　「你對現時的性生活有甚麼感覺？」我問她。

　　「開始抗拒，甚至反感。」她繼續說：「但沒辦法，因為當我想拒絕時，他會扳起臉說一些揶揄的話，那只好……滿足他的要求。」她回答說。

　　為了迎合他的要求，她開始忽視自己的感受，透過性作還債補償的表達，似乎頗為明顯。

　　究竟是丈夫對她過去「心出軌」仍然耿耿於懷怒藏心中，因此透過性行為去表達他的權力、不滿與操控？抑或，他要從性行為的快感中，尋回點點擁有她的安全感？

　　內疚，令她在他面前不會 Say no，因為覺得沒有 Say no 的權利。

　　「如果這情況繼續下去，你們的關係會怎樣？」我問。

　　「關係應該會越來越遠，因為這不是我想要的

生活，我⋯⋯我也不知自己可以撐多久。」她想了一會後說。

「到那時，即使你沒有『心出軌』或『身出軌』，婚姻似乎都會成為你的枷鎖，這豈非與你們重新修補感情的目標相違？」我向她說。

只從身不從心出發的性，不能修補愛

婚姻關係中，性與愛密不可分。愛，可以促進性的滿足；性，是體會愛的途徑。

性最大的失落，是缺少了愛。夫婦間一旦缺乏愛或不懂愛，即使兩人赤裸相視床上相擁，也只會是一種「這麼近，那麼遠」的距離。可惜，愛偏偏很難拿捏，有時甚或分不清是討好溺愛，還是保護摯愛。

如果重新開始只是「從身開始」，不能「從心開始」，親密關係對他們來說，依然是遙不可及。

最難處理的，不是性無能，而是愛無能。

給自己的問題

沒有跟別人上過床，算不算出軌？你對出軌有沒有一個清晰的定義？如果沒有，你怎樣避免自己不會出軌？

性治療師話你知

當性生活缺乏自主，以性作為滿足對方或補償工具時，會產生以下不良影響：

1) 帶着內疚和補償心態進行性行為，會習慣性地順從，失去投入感覺，導致缺乏追求改善性生活質素的動力。

2) 帶着補償的心情做愛，會令性行為的心理出埗矛盾，有機會導致感情關係疏遠，造成性生活上的不協調，即使在做愛也感受不到愛。

3) 即使性生活看起來沒有問題，帶着壓力的心情做愛，很難真正體會性愛樂趣和價值，甚至因為過度配合對方，產生像奴役的感覺，對性愛更加冷淡。

背叛後的再愛

哭過，才知道甚麼是痛；
痛過，才知道甚麼是珍惜。

婚外情，最對不起誰？

「呢一刻係冇咗靈魂，我係一個壞咗既人，希望大家可以畀時間我搵番我自己，我要同所有朋友講對唔住！」這是男藝人偷食事件被揭發後的回應。

令關心自己的人傷心，致歉是具勇氣的表現，但受傷最深的，最應致歉的對象，其實是誰？

「你的不忠對太太做成很大傷害，但有否想過，受傷的還有你自己？」一年前我曾經對他說。

那時他眼神惘然，若明非明。

後來他向我說：「你以前說的話，我開始明白。親手拆毀婚姻，傷害了最親的人，被人揶揄指責，摧毀了別人對我的尊重，我原來對自己作了很大傷害。」

「那時以為隱瞞得好，對方不知道，問題就不會出現，原來只是自欺。」

認為事情不曝光就可以「過骨」，只是騙人騙自己，最後當然是騙不了人也騙不了自己。

終止婚外情，只是重建關係的起步點

如果出軌是一時衝動，承認做錯懇求對方原諒，應算是勇氣的表現。他以坦白的態度，將偷食行為和盤托出，向妻子致歉，承諾以後不會再犯，懇求原諒。

「不要以為認錯等同問題解決，承諾終止婚外情只是一個開始，往後的路仍很多起伏。」我提醒他，被背叛後重建信任是不容易的事，而且太太是否原諒他，也不是一個理性可以解決的問題。

婚與分的掙扎

「一次不忠，百次不用！不忠的婚姻，像有裂痕的瓷器，不再完美。」有朋友曾經對他的太太說。

「若對方認錯，為何不給他一個機會？多年感情，不是說放下就放下吧！」另一個朋友向她勸說。

有人認為是對方破壞關係，應手起刀落，讓他承受破壞婚姻的後果；亦有人認為不應輕言放棄，如對方改過，應給他一次機會，也給自己一次機會。

重建婚姻還是乾脆分手？婚或分，是她身處的十字路口。

「怎樣決定才對？」她問。

「當婚姻出現不忠，就很難存在一個對或好的決定，」我繼續道：「只能按自己的理解和評估，找尋一個負責任及殺傷力較少的決定。」

感情掙扎異常複雜，無論作甚麼決定，傷痛失落疑問都會繼續伴隨。思緒混亂且難平復，又會不斷懷疑自己的決定是否正確，令原已動盪的內心更加翻騰。

信任：推倒容易重建難

他說：「上班時，我已多給她電話和 WhatsApp，讓她知道我行蹤，減少懷疑，但無論怎樣，都不能令她疑心減少。有時工作忙未能即時回覆，她的反應就很強烈，會以查案的語氣追問，或翻舊賬指責，有時真的有點累。」

有次回家，他發現一件放於客廳的飾物不見了，原來是太太不想見到，將它放進雜物櫃。那飾物是他們在結婚紀念日買的，那一年正是他開始婚外情。「它」，是「他」向「她」傷害的一個聯想記憶。

「任何一些意想不到的事物，也可能引發她的情緒，防不勝防。」他開始體會重建信任之路，崎嶇跌宕。

「你是否有足夠心理準備，去面對這個令你緊張不安及常覺得被『挑剔』的必經階段？」我提醒他被背叛傷害的人，絕非靠一句承諾改變，傷口就自然癒合。

除非他明白妻子對他的「監視」，是源於不安焦慮，不安焦慮是由於她被背叛、被欺騙；

除非他有足夠心理準備，陪伴那個恐懼不安的她走這段動盪階段，讓她重新體驗到同行、接納與包容，將信任和安全感點滴積累；

否則，重建婚姻將會是一條愈走愈乏力的路。

原諒對方的過程中總是怕再受傷害

如果承認出軌需要勇氣，原諒對方出軌則需要很大的能耐，因為後者要面對長時間的寬容忍耐考驗，絕非一時衝動就能成事。

丈夫向她承認不忠，承諾終止婚外情，懇求她原諒後，經過一段時間的思考掙扎，她決定與他重建婚姻。

重新修補關係，也開始了她另一階段的掙扎和困難。

「在公司工作，我會突然想起此刻的他在哪裏？會否又背着我做一些傷害我的事？他是否真的改過？有數次我望着枱上的電腦，不自覺的呆着、想着、流淚着。」她告訴我要重建信任，是件絕不容易的事。

「雖然他現在會主動聯絡我，給我知道他的行蹤，但我會去想，當我不知他行蹤的其他時候，他會做甚麼？會否把持不住，再次偷食？」她繼續說：「但要 24 小時留意監控着一個人，既沒可能也很辛苦。」

「有時電視劇有男人找小三的劇情，情緒會突然翻騰，內心隱隱作痛，會不由自主地向他揶揄指罵。我知道不應這樣想、這樣做，但又控制不到。」

她覺得內心很亂，想愛他卻怒他，想信任卻恐懼，想他親近卻又抗拒。

拆毀信任，只需彈指之間，要建立信任，卻感到寸步難進。曾經是最信任的人，此刻最難交出信任，只因為害怕再受傷。

Forgive 不 Forget，原諒卻忘不了曾受的傷

她不明白，原諒不等於不去想、不能想。原諒，不是忘記，只是願意不向對方所作的錯誤作追討。

她也不明白，原諒不是像魔法口號，在剎那間將虛幻變成現實。原諒，不只是目標，而是不斷起伏跌宕的心路歷程。

既然「想」是自然正常反應，我希望她學習怎樣去想，進一步接納自己的矛盾。矛盾是因為思想與情感步伐不一致，想信卻信不足，想愛卻不敢愛。

「你有否將你的矛盾和掙扎告知丈夫？即使你很亂，請讓他知道，這是你的需要，也是他的責任。他對你的了解，對關係的復和很有幫助。」我對她說。

重建信任，需要明白彼此的需要和脆弱，以適度的接受或忍受、或表達或沉默、或宣洩或討論，去回應或安撫，讓信任在兩人相處間，點點滴滴的重新匯聚回來。

給自己的問題

愛能包容過錯，還是有裂痕的感情不能復原？被背叛後的離開或留下在你而言是對與錯的選擇嗎？你又會怎樣選擇？

性治療師話你知

出軌後重建婚姻，夫妻兩人需同時有心理準備，會經歷關係和情緒的起伏，從中探索大家往後的相處方法。一般來説，婚姻重建信任和感情，會經過下列階段：

1）出軌者必須終止婚外情。

2）出軌者要向伴侶承認錯誤，衷心為作出的傷害道歉。

3）檢視是否雙方都想修補關係。

4）雙方有足夠心理準備面對信任與懷疑的必經階段。

5）檢視個人或婚姻關係問題，防止出軌問題再次發生。

6）重新培育伴侶關係，提升親密感。

為甚麼去嫖？

女人的所謂自私，是男人要逗她開心；男人的所謂自私，是女人因他而傷心。

嫖是天下男人都會犯的錯？

曾聽有位男士説天下間只有兩種男人不去嫖：1) 沒有錢，嫖不起；2) 已有很多女人，所以不用去嫖。他又引用進化論，闡述男性要繁衍下一代，動物性的本能會令他不斷將精子散播，這是兩性的基因分別。

基於「十個男人九個嫖，一個在接受治療」的講法，男人去嫖，似乎是很普遍或可以理解的事。因為「有需要」、「性慾強」、「用陰莖思考」，即使這是錯，也是男人都會犯的錯。

三藩市有學術研究中心曾經作過一個「Men who buy sex」的調查訪問，歸納出嫖妓的七大原因，依次排序如下：

1) 解決即時性需要及尋求娛樂與快感

2) 追求多元和多樣性，滿足不同形式的性渴求

3) 尋找在現時伴侶關係中得不到的性與情感滿足

4) 簡單快捷而無手尾的快餐式性行為

5) 打破忌諱與束縛的快感

6) 性慾失控以至性上癮

7) 性是男人的社交活動、話題與連繫

我曾遇過一位自稱「嫖妓經驗豐富」的中年男士，他嫖齡超過 20 年，由工餘到假期，或旅遊或公幹，從近的中港澳台、東南亞，遠至歐美澳加，都有過他「留精不留情」的腳蹤。

他不介意別人稱他「雞蟲」，更撰寫了一篇《嫖的宣言》，促進人對嫖，有更「正面」認識：

「我們相信：在大部分情況下嫖有其正當性；不論性別（男、女或其他）、宗教、種族都有嫖的人權；嫖權是人權中的一部分，應予以尊重；

嫖並不污穢；

嫖只是眾多性行為的其中一種；

嫖對一些人來説是唯一的合法、實際可行的性出路；

嫖是生活的一種需要與樂趣；

嫖在取得伴侶同意下絕對值得鼓勵；

嫖有平衡心理、紓緩壓力的作用，有時因此有穩定家庭基柱的作用；

嫖有其獨特的探索性技巧、性情懷的潛能，隨而有探索多元化、非佔有性男女關係的空間。」

多元性愛，透過不同性交經驗，在性行為中提升性技巧，讓人可以在性中獲取更大快感，似乎是他想強調的論點。他更指出，嫖一直存在於人類社會，有其社會功能，在現今社會亦非違法行為，所以不應將嫖客與妓女污名化，反應讓人運用嫖權，經驗更大的性自主和性解放。

嫖，個人的性快感令伴侶惹上性病

若單從個人角度看以上原因，嫖妓即使算不上是絕頂愉快亢奮過程，至少也是個值得用錢買回來的經驗，但人是存在於互動的生活處境（Interaction in life context）中，特別是一個已婚男人，嫖會讓他帶來一個怎樣的經歷與體會？嫖過以後，是否能得到他想要的東西和滿足？

結婚近 20 年的她，完全想像不到自己一直認為是很了解、很信任的丈夫，原來有着不可告人的另一面。

數月前，她感到陰道痕癢，又出現異常分泌，經醫生檢查後她知道自己染了性病。性病是透過性接觸傳染，而她只有丈夫這個性伴侶，於是回家向他質問。起初丈夫矢口否認偷食，但在無法迴避及解釋的情況下，最後他終於承認曾經嫖妓。

無端惹上性病，當然痛苦難耐，但令她最崩潰的，是她多年來一直認為可信任、可倚賴的伴侶，原來並非現實。過去近 20 年對他的認識，對這段經驗的理解與判斷，莫非全是錯誤！

當不能再信任一個以為是最可信的人，一段她一直以為是可倚靠的關係，原來存在着蒙騙、不忠和背叛，她整個人像墜落黑洞，失去承托，無所依靠。

嫖，破壞了夫妻間的愛與信任

「評價一個男人有多愛你，不是看他能否讓你開心，而是那個能讓你開心的男人，會否令你傷心？」哭得眼睛紅腫的她，有一次在輔導室內，突然說出這句她已記不起是從那本小說讀過的說話。

「為甚麼他如此做？」是她在輔導室內問得最多的問題。

「為甚麼？」對她來說，已經不是個邏輯問題。即使給她羅列出比以上更多去嫖的理由，都不能令她的傷痛減退絲毫。

面對這問題，即使她過去聽過很多如「男人用下半身思考」、「一時衝動」或「生活壓力大」等男人去嫖的解釋，都不能令她情緒平復。

即使知道他去嫖的原因又如何？解釋與接受，在感情世界中，從來就不是一個因果關係。況且，此刻的她最需要的並不是理性解釋，而是要面對糾結在內心的傷痛不安與憤怒，以及那未知能否治癒的性病。

他是否已經不重視這段婚姻？是我完全不認識他？是他變了心？他是個騙子，還是自己是個傻瓜？是否自己在性上不能滿足他，所以……？自從得知丈夫嫖妓，她腦子一直很混亂，不是指控對方變了心，就是質疑自己失去了吸引力。

被背叛的憤怒，關係破裂的悲傷，強烈的自我懷疑與否定，令她整個人像失去承托，時而腦裏空白，時而眼淚湧流；忽然沉默不語，忽然怒言相向；仍愛他，卻恨他；有時很想他來接近，有時卻厭惡他那「污糟」的身軀；想扮作沒事發生，卻又不能 Forget 與 Forgive。

「對不起！我知道我做錯了，希望你可以給我一個機會，重新改過。」這是丈夫過去幾個月，經常向她說的話。

他向她表達悔意，承諾改過，不再欺騙傷害她。

「他答應以後不去嫖，我想相信他，卻又難相信他。我信了他近 20 年，倒頭來卻是被騙，怎能肯定他所說的是真？」她繼續道：「是否真的一次不忠，百次不用？」

對着一個原先相信了 20 年的人，她發現原來信任可以很容易，也可以很艱難。

誰能給她一個答案？又或者，是否會有一個必然的答案？

她曾經晦氣地說過：「有時我寧願他是個大騙子，可以隱瞞一世，不讓我知道，但不知道是幸運還是不幸，他騙不到我一世。」原來，由感情而來的痛楚，真的會令人失卻理智與判斷。

嫖妓行為，對丈夫而言，可能是因為「用下半身思考」、「一時衝動」及「生活壓力大」，但對她來說，卻徹底摧毀了她對人、對己、對關係的信任。

即使可以用不同的理由解釋去嫖的原因，又有多少人能接受伴侶去嫖？

給自己的問題

人有自主權，因此有滿足自己性慾的權利。但當這權利放於婚姻關係中，如何才能取得情與慾的平衡？

一位男士問:「我和太太的性需求很不同,無論在次數和技巧上,都有很大的落差。如果她不能滿足我的需要,我是否可以用其他方法,例如召妓,去解決問題?」

治療師:「如果你將性視為個人慾望和行為,嫖妓當然可以找到更多另類性經驗,但性除了性慾和性行為,還包括性關係。

所以這問題不單是你個人需要的問題,也牽涉到太太的感受及她如何理解你的行為。

如果她不能接受而你不予理會,你們的性協調問題必然演變成婚姻問題──問題不但解決不了還會帶來更多問題。

偷食者的自白

偷食可以改善婚姻關係？

近年，有一個為已婚者提供偷情資訊的網站，以「人生苦短，及時行樂」（Life is short. Have an affair.）作口號，協助物色偷情對象。網站落戶香港，短短數月已有超過 8 萬人登記為會員，其中七成是男性。網站標榜偷情可以重燃一個人的激情，在外得到滿足後更會減少夫婦性生活不協調的衝突，令婚姻可以維持更久。

真的搞不清這是一種智慧，抑或只是將不恰當行為理性化（Rationalization），以期減少內疚。

偷食與獵食

有一位男藝人，與女歌唱天后被人視為幸福的一對，後來男藝人暗地在車廂內與另一女藝人激吻，事件曝光後，男藝人公開道歉說自己是個「壞了的人」，向天后女伴道歉請罪箍煲，之後天后發表聲明表示原諒對方。

那陣子，偷食成為網上的討論熱話，有人為天后有不忠男伴抱不平，亦有人唾罵男藝人暗地偷食的惡行，當然有更多人指責第三者破壞別人家庭。

如果錢、權力、女人是男人的能力與成功指標，婚外情對男人來說可能不只是生理需要。

輔導室內的他，一直有留意這宗車廂偷食的娛樂新聞，從中他隱約看到自己的影子，因為他也曾偷食，只是他沒有男藝人那麼幸運，因為自從太太得知他有婚外情，就搬回娘家跟他分居，思索應否離婚。

「嚴格來說，我不覺得男藝人是偷食，他是在獵食，因為偷食會盡量隱藏，希望永遠不會被人發現，但這男藝人卻像半公開親暱行為，像不太擔心別人會知道。」他以過來人身份講述偷食時的心境。

偷食的唯一考慮：隱瞞

「以前跟女友上過床後，我會小心整頓衣履，以防太太找到點點蛛絲馬跡。起初會多點顫驚，但試過秘密可以埋藏，就以為已經找到有效之隱瞞方法。」

有效，並不是指有效維持婚姻關係，而是有效維持婚姻之外的那段關係。那是一個頗矛盾的狀況，既內疚擔心，又緊張刺激，或許這就是所謂妻不如妾，妾不如偷的意思。

他認為可以永遠隱瞞，在欺騙妻子之餘，是否在欺騙自己？婚外情，絕不只是兩腿之間的事，更是上半心的事，只是當事人未必察覺。

「有否想過，事情一旦被太太知道，會有甚麼後果？」我問他。

「不是沒有想過，不過開始以後，只會考量如何不被太太發現。偷食，做過與沒做過有很大分別，一次與兩次的分別就不多。第一次是一時衝動，在性行為中找到更多新鮮與刺激感，

當重複再做時，漸漸變成有計劃的行動。」他説。

當以為可以隱瞞，就會以同樣方式繼續下去，情況有如不依交通燈過馬路，不是不知道違法，而是認為不會被警察看到，直到有一天被捉拿和票控，才會改變過馬路的習慣，分別只是婚姻違規的後果，嚴重得多。

偷食為他提供了一個 Comfort Zone

「可否形容一下你與太太的性生活？」我想知道他的婚外情，是否與婚姻性生活不協調有關？

「如果 10 分是滿分，我會給 7 分，我和太太每星期都有性生活，而且雙方都有滿足。」性生活不滿足似乎不是他偷食的主要原因。

「你與第三者一起，最大的吸引或滿足是甚麼？」出軌者大多承認偷食是不當行為，也知道偷食後果很嚴重，因此，我想知道他為何明知故犯。

「與太太的性生活雖然不錯，但沒有最好，只有更好，在另一個女人找到新鮮感當然是個原因，但最吸引的，是當你與一個比你年輕十多年的女人一起，她對你那種倚賴，令你覺得自己有吸引力、能力和活力。」

「這經驗給你甚麼感覺？」我追問他。

「有一種覺得被重視，卻又不需要面對現實煩惱的輕鬆。她甚少要你交代生活中的責任，這是與太太相處最大不同的地方。特別是當生活壓力很大的時候，那裏像是一個 Comfort zone。」婚外情給他的滿足，不只是下半身的需要。

責任，是婚姻關係中的重要元素，人可以透過責任去體會自己的能力感，他卻嚐到一種離開婚姻責任的能力感。

刻意多加陪伴太太，減少內疚

「帶着隱藏和欺騙，面對太太時，你有甚麼感覺？」我問他。

「沒有去想自己有甚麼感覺，只想着要不讓她發覺。其實，除非你想離婚，否則有婚外情的人，都會有類似的想法。有時我會刻意安排一些時間留在家，減少被懷疑之餘，或多或少有點補償的心態。」他跟我分享應付的方法。

他對她投入更多時間，是因為在她之外，有着另一個她。

他的付出不是想太太開心一點，而是希望自己內疚少一點。與太太相處，有着利害的小心計算，行為背後隱藏着另外的動機，他回家的每一步，開始變得沉重，每一步都踐踏着婚姻中的真誠與專一。

蓄意令人受傷，繼而給對方包紮傷口，是善還是偽善？

只按自己的意願慾望而行，傷害自己和太太

他真的不想離婚，也真的投放了更多時間在家庭中，但不等於他懂得尊重婚姻。人與人間的相處，有時重點不在於做甚麼，而在於你的動機與心境是甚麼。

他像在現實生活中建構着一個脫離現實的故事，難怪有人

形容，男人很多時只是個大孩子。

他以為找到一個有效方法，可以同時周旋於兩段感情中，也沒有空間去反思婚外情帶來的傷害，就像當人定睛於眼前的甜品，就會忽略自身健康，一於「食咗至算」。

這個外表成熟的大男人，內心像是被小孩操控，只按自己的意願慾望而行，不受束縛地亂闖，直至碰到一身損傷，才坐下來思考自己作了甚麼？想要甚麼？

面對太太搬回娘家，他終止了婚外情，希望可以挽救婚姻。過去三個月，他再沒有與小三接觸，晚上獨自在家，雖然孤獨，卻漸漸發現自己最需要的，是一段有感情基礎、有安全感的關係，那裏才是他真正的 Comfort zone。

他開始明白，不忠不只傷害了太太，也傷害了自己。不忠，令他失去了一個至親至愛的人對他的信任，也可能從此失去一個相依相倚的伴侶。

擁有時不懂珍惜，面對失去才明白自己的需要，是愚蠢？是犯賤？是可惜？

有人説：「男人去滾不要緊，重要是滾完以後，懂得回家。」但原來，當你滾完回家，家中可能會空無一人。

給自己的問題

在獵艷的過程中，人不斷去滿足自己的色慾與情慾，是否也同時反映着內心的乾涸與貧乏？你的內心乾涸貧乏嗎？

一位男士問:「一年前,我曾經跟同事到過夜場,試過偷食,之後沒有再作,太太一直不知道此事;對於此事,我一直內疚。有人說夫妻應該誠實坦白,那我是否要告訴太太這事?如果她知道,會否有很嚴重後果?」

治療師:「誠實,有些時候是一把兩刃劍,可以減低兩個人的猜疑,也可能傷及無辜者的心。你的坦白,是想改善你們的婚姻關係,還是只想減輕自己的內疚?如果是後者,你可能是將自己的重擔轉移了給對方。

以前做錯事,現在坦白與否,視乎兩個人的關係,若關係基礎穩固,可承受較大衝擊;若關係本身不穩,被背叛的得知真相,可能不能忍受,令關係惡化。

當然,如果隱瞞,也一直要承受對方能知悉的危機。所以,一旦發生婚外情,已沒有一個好的解決方法,只能夠找尋一個殺傷力相對較少的方法。」

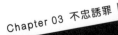

戀上了人夫，是情還是罪？

行前接近，說是情不自禁；
後退站穩，才知苦澀遺憾。

第三者出現是因為人妻不濟

「你不要這樣懷疑我，我的愛是發自心底的。你不要如履薄冰顧慮我，我不會打擾你的生活。……你不便時別發短信給我，因為我能理解你處境險惡……你不要在半夜丟下我，我的淚水濕透了被窩。你不用像小寶貝陪着我，只要你能偶爾想起我。」

當一個女人對男人講以上說話，你會有甚麼感覺？

欣賞這個女人的付出與體貼？覺得男人有如此女伴真幸福？愛，令人感動？

這是一首歌《我是小三》的歌詞，想道出做小三的困難和忍辱負重。「小三能給男人暖心窩」，但只可以有難以期望回報的付出，情感不能完全被滿足的失落。因為我愛那個男人，因為愛無罪，所以「請不要異樣的看着我」。

她更提醒人妻，「你不要像賴皮狗抨擊我，……你不要學潑婦罵街唷，沒完沒了嘮叨令男人惱火。你不要總一味的怪責我，元配你們可有曾平靜反思過。」

是因為你們的婚姻先有問題，才會有我的出現，所以責任不在小三！

情無錯、愛無罪，小三有權利追求所愛？

據聞中國內地有一個「小三協會」，她們指出小三與二奶不同，小三會付出真感情，二奶則只為金錢賣肉，前者應比後者值得尊重。

小三會牽掛着男人，只苦於不見得光的身份，惟有為情忍辱負重，正如在該協會網頁中的那句話：「三有愛兮愛有情，心念君兮君不知」，為婚外情添上一層浪漫悲涼色彩。知道不能完全擁有整個男人但我仍願默默付出，是否值得體諒？

情無錯、愛無罪，而我只是去愛一個人，何罪之有？既然愛無罪，小三也有權利追求自己心中所愛，將原本只擁有一半的男人，整個人爭奪過來。他們更指男人有婚外情，是因為那段婚姻本來已出了問題、是因為元配不懂得留住丈夫，所以為人妻的不應指責小三，反先要自我檢討。

婚內情問題不應用婚外情處理

他們講的是甚麼理？說的是甚麼情？這種自我強化意識的提升，值得肯定還是感慨？

我在輔導室內多年，曾與不少夫婦傾談婚內與婚外的拉鋸與掙扎，我唯一同意小三協會的論點，就是婚外

情背後，夫婦關係很多時是出了問題。但婚姻關係問題理應在婚內處理，用婚外情方法處理婚內情問題，只會將原本問題變得更複雜及更具傷害。

即使夫婦婚姻出現問題，是否應由夫婦雙方用婚姻以內的方法去解決，即使感情變色轉淡而決定分開，仍是兩個人的事，並不需要婚外的你去強化他們的欺騙與傷害。正如我們居住的環境即使已受污染，卻不能成為我們亂丟廢物的理由。

氣壯，不一定理直；喊着愛的口號，也不見得不會造成傷害。振振有詞，有時只是希望減少自己的虛怯，一旦連自己都相信自己所說的話，就可以連那些羞恥愧疚的感覺也一併消除，人就會變得輕鬆，自我感覺良好。

錯的事情，不會因為公開說出來就變成正確，反而只突顯出更多的陰暗與醜陋。

戀上人夫的失控和自責

輔導室內遇見過的小三，鮮有理直氣壯並情理旦旦的為自己解說，大多覺得難以在情感泥沼抽身之餘，同時心存內疚。

「感情事，很難自控，要來時真的擋不住。」她帶着感慨的語氣說出這句像是愛情小說中的對白。

據說，蜜運中的人，大腦會分泌令人興奮雀躍的賀爾蒙，但墮入愛河的她，眼神充滿鬱悶，談到戀情時，

沒有半點笑容，因為她愛上的，是別人的丈夫。

「起初從沒想過跟他發展，但他對人很關心很細心，為人又健談，不知不覺中我跟他越來越投契。有一次晚飯後過馬路，他突然拖着我的手，那一刻內心有點矛盾，我的確對他有感覺，但他始終是有婦之夫……但我又不知道為甚麼沒有抗拒的感覺？」她繼續說：「從沒有想過會遇上他，這是否緣分？」

他們的關係越來越密切，在一個週末晚上，他們上了床。

「完事後，他對我說：很久沒有享受這樣的興奮和滿足，因為與妻子的感情很淡，淡到一起時已經沒有感覺；由於沒有愛，所以也沒有做愛。」她向我描述那次性事後他們的對話。她對他的話很深刻，因為滿足感有兩種，一種是自己的需要（Need）得到滿足，另一種是自己有能力可以讓別人得到滋潤、得到滿足（Being needed）。

「上星期，他提出我們一起去日本旅行，我有點忐忑，不知應否答應他。」她說。

「你的矛盾是甚麼？」我問她。

「如果跟他一起去旅行，等於我認同跟他的關係，但另一方面拍拖應該是光明正大而非現在的偷偷摸摸，而且每次跟他見面後，我都有罪惡感，覺得在破壞別人的家庭。」她回答說。

「愛情與親密感本應令人滿足，但你此刻的內心卻

充滿懷疑和虛怯。如果親密關係令你充滿不安和自責，你真的需要聆聽一下你的內心想告訴你甚麼？」我對她說。

沒有制約的感情，就是傷害

「喜歡一個人並沒有罪」，聽起來很瀟灑，但當發生在自己身上，卻有無形的壓力，特別是當愛錯了對象，又或處理不慎，就會惹禍上身，有緣有情變成有淚有罪。

聖經中有這樣一句話：「愛裏沒有懼怕；愛既完全，就把懼怕除去。」是緣還是罪？要看你選擇的是良緣還是孽緣。

關於愛變成害，我記起兒時鄰居的一個故事：在一個炎熱下午，鄰居好友和我踢足球，之後他頭昏發熱。他年邁的祖母想孫兒健康，給他喝了一碗用過來祭祖的香爐灰混成的水，結果他嘔吐大作近乎暈厥，送往醫院。

我從來沒有懷疑他祖母對他的愛和關心，卻發現原來愛表達得不恰當，可以是致命的傷害。

給自己的問題

有些甜，最後會帶出苦。在感情世界，是緣分決定了一切，還是人有自主權去決定選擇或放手？如果戀上人夫或人妻，你會怎樣選擇？

一位女士問:「我跟他的地下關係已有一年,他說很喜歡我,將來很想和我一起。他又指與太太的關係疏離,已經沒有感情,會跟她離婚。他的話是否可信?他對我的感情是否真的?我值不值得繼續等他?」

治療師:「我不會認為婚外情就沒有真感情,但我更重視這個人是否誠實。如果他是在編織謊言欺騙你,你一定不可能得到幸福,因為他只會將自己的慾望放在你的感受之前。

你問他是否可信?正是因為他正在欺騙太太卻又說對你真誠,這個矛盾才導致你對他有懷疑。說到一個人要離婚,大部分不是『沒有辦法』,而是『不想』;因為離婚與否,很多時不單只是考慮感情因素。

身為第三者,很多時是不想去面對他的『不想』,所以只好解說為『他情況特殊,沒有辦法』。

感情問題,有時最大的難處不在那段情是否真,而是能否以一個求真態度去處理感情。」

Chapter 04

異類性行為

有些人會簡單的將性行為界分為正常和不正常，這種視野只會粗疏的將人分隔。

每個人在情性經驗中的體會都有不同，有些在當中紓解壓力、有些反映日常不安，還有更多可能是個人內在心理需要的投射。

與其簡單的判斷，將別人或自己貼上「變態」的標籤，倒不如從外顯的行為，走進入生活經驗，探索及理解一個更完整的自己。

性沉溺的軌跡

有種快感，叫做失落。

多次婚外性經驗引發婚姻危機

他在名牌大學畢業，已婚，有一子一女，經營建築物料生意，擁有兩個物業——有如此優越條件，理應幸福愉快。他雖不是俊男，但穿起名牌襯衣西褲，架着金絲眼鏡，給人一種斯文穩重的感覺，但近看其容貌，憔悴枯槁，臉龐冒出短短鬚根，眼簾周圍是黑眼圈，顯然是睡得不好。

他的聲音沙啞，話裏帶着絲絲羞愧和憂慮。羞愧，因為連他也感到自己不道德；憂慮，是擔心太太要和他離婚，家庭從此破裂。

太太認為性只可以在婚姻內發生，不容第三者涉足，但他婚外性經驗的次數擢髮難數。太太斥責他不忠，痛罵他性沉溺。

夫妻性生活，常盼魚水之歡，但當魚離開水，伴侶關係會乾涸枯萎。

「唔做唔安樂」的性沉溺

「我是否性沉溺？」他問。

現今醫學，對性沉溺仍未有清晰定義，但當一個人難以控制自己的性慾或性行為，情況又導致生活、情緒、工作、經濟或人際關係上出現困擾，可能已經墮入沉溺或成癮

狀況。性慾失控的問題重點不在於性慾多寡，而是當性成為生活焦點和倚賴，不能自主控制。

他在 10 歲時第一次看成人雜誌而自慰，及後發展出瀏覽色情網頁的習慣。8 年前的一個下午首次召妓，直至近年每星期需要嫖妓三、四次，否則情緒不安、難以集中精神工作。

「我試過用意志控制，但最多能壓制兩星期，又故態復萌。腦海終日盤旋一幅幅性交影像，揮之不去。」

「很多時心像着了魔，在街上走時目光常搜索螢光招牌，腳會自然走上樓梯，見到門鐘，一按，然後……」

他感到召妓行為「唔做唔得」，是性慾控制的失衡，而行為最後又引發他的婚姻危機。

「起初召妓，每次都有內疚，但當遇上壓力心情欠佳，透過性可以紓緩。慢慢像成了習慣，欲罷不能。」

剎那歡愉過後，剩下的是對自己的厭惡和生活空虛感，於是又需要更強的快感將厭惡和空虛壓下去，循環相因，互相強化。

性起初是他生活不如意時的止痛藥，及後成為必須服用的麻醉劑。

「我知道如果給太太發現，後果很嚴重。」

於是他竭力隱藏秘密，也減少與太太性接觸。除了內疚，是減少太太感染性病的機會，因為即使每次召妓他都用避孕套，也不能保證百分百安全。

但最後，他的秘密仍是給太太識破，被冠以「性沉溺」的稱號，面臨婚姻危機。

在性中「征服」對方以獲得身心快感

他喜愛找一些中年妓女，覺得如果能夠令有豐富接客經驗的妓女獲得性高潮，除了生理滿足外，還會增添他由「征服」對方而來的心理快感。

完全抹煞對方出於職業反應卻自我陶醉於個人性能力，是他單純幼稚抑或這是個自我取悅的方法？

工作上，他要求自己的生意愈做愈大，相信成功就必須向前衝、向外擴展。

生活中，他不斷去征服；征服，是源於內心的脆弱；脆弱，是由於曾被權威人士所傷。

他開始提及他的爸爸。

性沉溺背後的童年創傷

爸爸對他很嚴格，由幼稚園到中學，都不准他參加課外活動，社交貧乏欠缺朋友，讀書是他唯一體驗價值的途徑。

他讀書成績一向前列，卻發現無論怎樣努力，爸爸總會找到不完美地方而指責他；被指責，也繼續成為催逼他不斷追求進步成功的動力，直到長大。

征服的動力，原來是源於那個渴望被肯定卻一直被嫌棄的自我。當無法接納那個不完整的自我，他只有不斷向外擴張和透過「征服」而獲取能力感，才能將長期被否定的童年受創感覺，稍稍紓緩。

生活枯燥內心貧瘠，偷看色情雜誌成為年輕的他體會快感自娛和釋放的空間，當然他也會想盡辦法隱藏這私人國度，因為若秘密被識破，實難以想像爸爸會有怎樣的反應。

生活壓力愈大，需要更強快感去紓緩，他由網上虛擬發展到現實接觸（From online sex to offline sex），最後形成習慣。

性，原本是他處理壓力不安的方法，今天行為被識破，被指「性沉溺」，解決問題的方法（Solution）輾轉間成為他的問題（Problem）。

不再以召妓證明自我，面對心靈及婚姻的傷口

從召妓得到的滿足，早已不是生理層次，而是一個自我證明的成績表。堅硬陰莖的背後，是一顆脆弱的心。

他發現有兩個傷口要面對：內心受傷的自我及關係破損的婚姻。他重新檢視自己的需要，以及性與這些需要的關係是甚麼。

他開始用腦袋去接觸陰莖，學習分辨性和親密、性行為和性關係的分別，重塑一個懂得尊重自己及建立親密的生活。

學習為自己負責，向太太表達歉疚，承諾為自己、為婚姻努力，是他走進治療的第一步，也是治療過程中的最大推動力。

在太太協助下，他開始從經濟安排、時間分配、自我提醒的原則下，規劃自己的生活，減低重墮色情陷阱的機會。

他同時去接觸那個不曾被滿足的自我，明白自己對情感關係的渴求。學習與自己連繫，也揣摩與太太連繫的方法和技巧。

他感受最深的，是夫妻關係的重新體會。閒時，他會安排與太太約會，週末假期相約好友遠足。在不需向前衝不需要征服的心境下，他開始細味到平和恬靜的生活味道。

親密，不靠想像而來，而是一步一腳印踏實地步出來。

「一把年紀，現在才開始體會感情的滋味。」唏噓中夾雜着喜悅的他說。

以往，找個女人上床輕而易舉；現在，他明白自己渴求的，是持久穩定又感到被重視的關係，而不是床上那一刹的快感。

他對自己的性慾控制已具信心，但要修復夫妻關係，仍需花倍計的時間心力，方能重建自己親手所拆毀的信任。

「出得嚟行，預咗要還；出咗去搞，條數要找。」他經常用這樣的黑色幽默，自嘲及安慰自己。

給自己的問題

如果在性行為中經驗的痛苦比快感大，需要關心的不是那個行為，而是自己的內心。你有過類似的經驗嗎？

性治療師話你知

性沉溺行為是指任何與性有關的行為過多及失去控制，以致影響日常生活及對家人、朋友或伴侶造成困擾。受性沉溺行為困擾的，或會有以下特徵：

1) 覺得不能自控地去進行與性有關的行為

2) 性行為的次數或激烈程度不斷增加

3) 希望或曾經嘗試減少該行為卻不成功

4) 當情緒不穩時，會進行與性有關的行為作疏導情緒

5) 花大量時間或製造機會去獲得與性有關的行為

6) 因有關行為而忽略社交生活、工作或其他娛樂活動

7) 該行為對家人、朋友或伴侶造成困擾

遇上以上情況或困擾，應盡快向醫生或性治療師求助。

親「襪」誘惑

絲襪是性生活中的「第三者」

對新婚夫婦來説，性應該憧憬着興奮喜悦，但當開始訴説過去半年的性生活情況，她語調轉沉，似乎要向我講述一個不一樣的故事。

她用眼瞄了身旁的丈夫，丈夫望着她微聲説：「你説吧！」

「婚前，我們有接吻和愛撫，但不曾試過做愛。婚後，我發現他……原來喜歡絲襪。」雖然面露尷尬，她仍能簡潔道出問題。

「我曾經試過接受他，但實在很難，越來越覺得難受！」

「他沒有絲襪就做不成，這是否正常？是否變態行為？」

「如果改變不了，怎麼辦？」

…………

連串疑問，將憂慮抗拒恐懼和無助等感覺糾結一起。

在她身旁的丈夫，一直坐着沉默，因為要向一個陌生人揭示自己的性問題，難以啟齒的感覺，完全可以理解。

我邀請這對有點失措的夫婦，用他們覺得舒適的步伐，去説他們的故事。

每個人的性喜好不盡相同，但當兩個人走上同一張床時，就可能會有問題。

沒絲襪沒高潮——他的快感與她的反感

　　新婚當晚，丈夫提議她在性行為時穿上絲襪，這會令他更能感受她腿部的美感。她以為對方給自己修長的腿所吸引，對於從未有性經驗的她，期盼雙方都可享受歡愉，故接納提議，由接吻到性交，她全程穿上絲襪。

　　往後數星期，她開始覺得不是味兒。每次做愛他都要求她穿上絲襪，且發現他總是集中撫摸她穿上絲襪的雙腿，直至勃起、興奮便進行性交。

　　起初以為是調情和增加快感的方法，但漸漸發現這是個必須有的重點。她覺得忐忑，但考慮互相體諒接納，她說服自己去接受他。

　　及後，他更要求她穿上絲質襪褲，當他高度興奮時，會撕破絲襪褲的胯下部分進行性交。他覺得可以增加投入興奮，她卻感到極大抗拒不安。

　　他愈有快感，她愈是反感。當發現原來一件物件比自己的身體更能吸引伴侶，她內心有難喻的沮喪和失落。絲襪，是他性快感之源，同時又是兩個人之間的一根刺。

　　她試過作出反對，卻發現在沒有絲襪的情況下，他的勃起及維持勃起能力會有困難。沒有絲襪，就難以興奮。在他懇求下，她不情願地繼續「就範」。

　　必須倚賴或透過物件刺激才能引發性慾、維持性興奮及進行性行為，是異常性行為的其中一種——戀物癖。

原以為絲襪是增加性趣的工具，卻發現「它」已成為兩人床第上的主角，人只淪為配角。

睹「襪」思人——愛與親密聯繫的渴求

親「襪」，對他有不一般的意義。

他是家中獨子，年幼時爸爸長期在境外工作，一年回家兩星期。媽媽是個售貨員，工作時間朝九晚九。媽媽工作忙碌，無暇照顧他，他被安排由婆婆照顧。

媽媽上班地點離婆婆家只有數街之隔，晚上放工後她會急步到婆婆家跟他見見面，抱抱他、逗他玩。和媽媽相聚的半小時，被最親的人關心擁抱，是他每天最渴望的黃金時間。

他最享受媽媽摟着他，抱他坐在她的大腿上，雙手接觸到媽媽穿上絲襪的大腿，難以言喻的滑溜，身體與身體接觸的體溫，如嚴冬爐火，暖透身心。

最難受的時刻，是每晚媽媽跟他話別回家。仍在襁褓中的他，已要忍受每天與最親者的分離。他知道媽媽辛勞，故很少撒嬌，小朋友需要父母疼愛的基本權利，他從不刻意爭取。

絲襪，給他身心安慰和喜悅，同時滿足了一顆脆弱的心。脆弱，是由於對愛的渴求和失落。

踏入青春期，他開始愛看穿絲襪女優的色情圖片和影片來自慰，享受當刻生理快感之餘，同時將腦海中的昔

日回憶、感覺和身體經驗，牢牢扣起，慢慢演化成為他的性渴望，直到今天。

絲襪背後，是自己內心小孩對愛與親密連繫的渴求。

每個人的性喜好及滿足性慾的方法不盡相同，但當有關行為對伴侶關係構成障礙時，問題焦點已不再是性趣或性行為，而是性關係。

他們的情況，正是如此。

絲襪滋潤了他對關愛的渴求，也是他尋求性滿足及調節情緒失落的方法，直至今天問題呈現於太太面前，他才意識到引發性慾的對象（絲襪）與情感親密的對象（配偶）不一致，同時發現那個失落和孤單、甚至連自己也忽略了的內在自我。

每個人心中都有一個內在小孩，他敏感害羞、沒有安全感，渴望關愛。當需要不被滿足時，他會孤單不安，並會嘗試找不同方法去安撫內心的忐忑動盪。

他開始去接觸那個曾經被忽略和失落的內心小孩，重新學習去安慰他和接納他，探索如何用表裏一致的方法表達感受和需要。

這意味他重新教導自己內在小孩的成長。

他漸漸分辨到性與親密的接觸點和分別處，他最渴望的是與別人有親密連繫，而絲襪則是滿足的象徵物。

由於長期透過絲襪引發性慾，再加上色情電影的薰陶，多年來他早以習慣「絲襪→性興奮→自慰→射精」

的性行為程式，集中於個人生理快感和宣洩，甚少留意及享受其他身體接觸，以及事前事後愛撫而來的滿足。於是，他開始探索「絲襪→性興奮→射精」外，一大片尚未發現的愉悅天地。

經過近一年努力，絲襪仍在他的性幻想出現，但已不再是他引發性慾和進行陰道性交的必須物。

在愛中尋回失落的自我，重建伴侶關係

他的問題，源於愛的失落。今天他可以走出陰霾，重建情性一致的伴侶關係，是因為可以在關愛和支持中，尋回自己。

有一天，我收到一幅他們抱着一個趣緻嬰兒的溫馨家庭照。成為了人父的他，指更能體會媽媽昔日的頻撲和辛勞，讓他深切明白孩子的需要，不僅是物質。

兒時的經歷，令他更懂得去當一個孩子的父親。他不但已從失落處境中走了出來，還開展了一條懂得愛與被愛的路。

給自己的問題

人有時會透過當刻性行為的快感去回憶過去，你有這樣的經驗嗎？那麼他是活於現在，還是停留在過去？

性治療師話你知

每個人引發性慾的方法都可能不同，如想透過情趣用品增加性生活趣味，需注意下列情況：

1）性愛最重要的元素是伴侶間的感情，再配合雙方的溝通和了解，才能達到持久的親密關係。如果缺乏共識，單靠情趣物品增加性趣味，只是治標不治本的方法。

2）性行為必需基於尊重，任何性技巧及應用於性行為的物品，要得到伴侶的同意，否則只會令對方反感和不安，最終會令伴侶對性生活的投入感減低。

3）使用任何提升性趣的物品必需考慮衞生和安全，避免在使用過程中受傷。

手機內的美女照

人們會向人談自己的興趣，卻不會向人透露自己的性趣。

發現男友手機內收藏大量美女照

他們拍拖近一年，理應仍在甜蜜浪漫階段，但她卻哭訴要分手。

有一次她拿起他的手機掃，無意間看到很多女性照片。穿短裙的、穿背心的、穿 Legging 的、穿長 Boot 的；或正面、或側面、或背面；在街上、商場電梯上、地鐵車廂中；高拍、低炒、遠攝、近拍⋯⋯款式味道多元化。

「為甚麼你手機內會有那麼多女士照片？」當發現男朋友這情況，女朋友當然會問罪，她也不例外，第一時間向他質詢。

作為女伴，除了不能接受他心中沒有她，也難以接受他心中有很多個她。

「原以為男人有錢就會花心，原來沒錢的男人也會花心，是否所有男人都是如此？」她眼眶泛紅地詰問。

我相信她無意貶低天下男人，只是不能接受他收藏那麼多女士照片。指控他花心，其實是隱藏着不專一的恐懼，如果他心中有那麼多女士，先不說她是否他的唯一，連在他心中的份量也值得存疑。

這個年頭，手機給人很多方便，同時也帶來很多麻煩。手機是死物，不會帶來麻煩；麻煩，都是自招為多。

美女好比佳餚,「手機食先」

「其實我和那些女士沒甚麼關係,只是街頭上看見一些外型或衣著漂亮的就拍下來,有空時拿來看看,但更多的是除了拍攝那一刻外,之後就沒有看過。」他繼續説:「況且,全部不是裙底偷拍,沒有犯法。」

他強調自己的行為沒有違法,也嘗試解釋他的舉動,與一般人在用餐前先提手機拍照後拿筷子進食的行為無異,企圖説服她接受拍攝行為與兩個人的戀情無關,她仍是他的唯一。

不錯,手機成為了他開餐的工具,一個滿足個人慾望的工具。食與色,果然是人之欲。

「那兩張有女生和你臉貼臉的照片,又怎麼解釋?」她不但聽不進他的解釋,更拋出一個更強而有力的控訴,令他招架不住。

原來他除了在街頭拍攝女士照片外,近來也開始在網上社交平台結識異性,邀約對方在餐廳或 Café 見面,見面時拍下照片。如果對方不反對,他會挨近她們,拍一些貼臉照。

如果人與人關係可由身體距離反映,臉貼臉接觸會是那種關係的距離?

沒有上過床,就不算不忠?

「臉貼臉的那兩位女生,我只是見了一次,除了吃

飯、傾談、拍照，沒做過甚麼對不起你、傷害你的事，往後也沒有再聯絡。」他極力強調他沒有和別的女士上過床，她仍然是他的唯一。

「只是傾談，又沒有甚麼出軌行為，你暴躁甚麼！如果我不愛你，早已和別人上了床。」當人受到壓力，有時會作出反擊，他的情緒反應也是一樣。

為甚麼只覺得與別人有性行為才算是傷害對方？他沒有和別人上過床，算不算對她專一，沒有出軌？

每個人對不忠的理解可能不一樣，有人會從性的角度去理解，出軌就是背着伴侶與他人上床；也有人從情感角度去演繹，只要不安份守己，感情不夠專一，就是不忠。

不忠，原來可以有兩個層次：一個是身體，一個是精神；但這一刻他們去討論定義並沒有多大意義，因為情性關係很多時都不是客觀的理性分析，而是主觀的經歷與體會。

按她對他的認識，思想上她傾向相信他沒有和別的女生上過床，但感受上卻難以認同他的解釋，更不等於他的拍攝行為沒有問題。

她的不安其實不難理解，因為如果要用伴侶有否和其他人上過床來衡量雙方的感情關係，實為可悲。沒有偷食，不應是伴侶關係追求的目標。

他從來不覺得拍攝街上的美女，是對女友的不專一和不尊重，因為他與她拍拖不足一年，但在街頭用手機

獵艷的習慣，由第一次在銅鑼灣街上閒蕩，無所事事拿起手機拍攝開始，至今已持續兩年多，手機內儲存美女照片數百。按先後次序來說，他覺得拍攝行為與兩人的感情問題並無相互關係，邏輯上並不全無道理。

由狩捕美女照僅供欣賞，到作為性幻想對象

他對修長美腿情有獨鍾，最愛捕捉那些穿短裙或 Legging 的女士，由起初在路上看見被吸引到後來有意識地在街上搜尋。拍攝時，他會與被攝者保持一定距離，因此覺得自己與那些偷拍裙底的人不同。

有時他會跟着一些女士，離遠用不同角度去拍攝，離遠是要避免給人發現，但要拿揑一個要看得清卻不被發現的距離和角度，實具有一定難度。有一次，因為目標太遠而要快步追近，他險些被車撞倒，也曾試過在「低炒」拍攝一位女士時，不慎在自動電梯上跌倒。

後來，他會提醒自己，偷拍時會與目標保持一定距離，避免因為偷拍導致受傷。這個演變，是制約還是失控？

由漫無目的在街上閒蕩，到後來很有目的在狩獵，他的生活算不算有了方向？

起初他說相片只在閒時看看，後來卻承認相中長腿美女會是他自慰時的性幻想對象。但隨着時間過去，

由硬照而來的滿足感越來越低，於是他開始在網上結識異性，相約見面，接觸傾談，拍下那些與對方臉貼臉的照片。雖然沒有跟對方上床，但由真實接觸經驗和感覺而引發的性幻想與興奮，相比只靠相片想像而來的快感，強烈得多。

如果相片令他有彷彿與不同美女結連的感覺，與陌生女士的臉貼臉照，除了是打手槍時的興奮來源外，對方願意應約，跟他靠近，同時是給他證明自身魅力的過程。有時一個男人的魅力，需要用女人來證明，不管這女人跟他有沒有關係。

有人認為男人好色，所以天生喜歡獵艷，但在這時代，在這個壓力出奇地大的社會，很多人都感到內心迷茫。當每個人的心都繃得緊緊，當心底裏的目標越來越模糊，人只得向外尋索，想辦法抓住點東西。

性，往往在短時間內可以令人在身與心，找到一種真實興奮及放鬆的感覺，同時又能讓人有一種自身存在的體會。

很多人形容男人會逢場作戲，而他這台戲是作給自己看的。

走在街上，很有目的在找尋獵物時，其實他早已在街上迷失。

給自己的問題

如果在伴侶的手機發現很多異性照片，你如何理解和回應？這是他的個人自主權還是對你的不尊重？甚麼是尊重？

性，不只是兩腿間的事

輔導室內的性問性答

一位已婚男士問:「我跟太太做愛,有時會幻想着其他女性,過程中會增加興奮,但事後有點內疚,又擔心她知道後會不高興。性幻想的對象不是自己的伴侶,是否不應該、不正常?」

治療師:「已經是你真實的性伴侶,何需幻想?所以性幻想的對象,很多時都不會是你的伴侶。性幻想有時會在不經意的時候出現,卻不一定要有真實的性行為。

對於已經有固定性伴侶的人,性幻想有時會增加性的興奮和情趣。適當的性幻想可提升性趣,但如果過度或沉溺於自己的性幻想,對與伴侶性行為失卻動力,又或要透過一些可能傷害自己或別人的方法來促進性幻想,影響到正常的人際交往和關係,就要小心留意。」

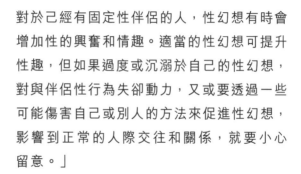

戀上了皮靴

性滿足，有兩個層次：生理與心理。

挑起性趣與慾望的皮靴

「我的情況是否不正常？」這是輔導室內經常聽到的開場白，這次由一位 26 歲的男士提出。

他的樣貌不算俊朗，但修長的身軀，加上那黑框眼鏡，給人有點書卷味的感覺。他談話時頭經常下垂，不常望着人。如果眼神代表一個人的內心，此刻的他，應該是充滿忐忑與不安。

「那天放工，原是往百貨公司購買裇衫換季，但路經女裝鞋部，看見那些皮靴，興奮感覺增加，腳不期然就停下來……」他雙眼一直望地，臉露羞澀地向我説起數星期前的一件事。

他在女裝鞋部停步前，原來已經在百貨公司全層蕩了兩圈，早已忘記要購買裇衫，只一直躊躇如何向售貨員開口，買一些想要的東西。

他站了數分鐘，見到只有售貨員而沒有顧客，於是踏步過去。

「我想看看那對靴。」他指着貨架上的一對黑色長靴，向女售貨員説。

「先生，送給人的，是嗎？」售貨員順理成章地問。

「想買給女朋友。」他答。

售貨員一邊向他介紹，他的手在皮靴上撫掃，手在摸，心在動。

「不知穿上後好不好看？」他跟女售貨員說。

他指女售貨員與女友身形與腳形相若，邀請女售貨員試穿給他看看。

望着穿上皮靴的女售貨員，他前後轉了幾圈，感到很滿意，於是買下來。

他想買一對女裝皮靴是真的，想看女售貨員穿得靚不靚也是真的，但一個人獨居的他，現時沒有女朋友。

由看 AV 穿靴女優自慰，到跟蹤街上的穿靴女士

夜深人靜，他在床上脫光衣服，取出皮靴在臉旁輕擦，用鼻深深去嗅，撫掃靴筒至靴尖，回憶女售貨員穿上皮靴的情景，想像自己在撫弄女售貨員的腿，繼而開始自慰。

他鍾情皮靴已數年，覺得「它」可以引發他強烈的性衝動和性興奮。他會在網上觀看穿着皮靴的女郎的色情電影，性慾開始升溫，就會自慰。皮靴，他起初視為性喜好，現在已成為引發性慾及自慰的伙伴。

後來，他覺得單憑色情電影的滿足感越來越低，於是開始在街上留意女途人。當有女士穿着皮靴，他會停步觀望，或會在後跟隨。對他來說，真人的吸引力和實在感，遠比電影真實，也令性幻想倍添豐富。

每個人都可以有屬於自己引發性慾的方式，只要沒有傷害自己或他人，應予以尊重。但他曾經有過衝動去觸摸那位給他試穿皮靴的女售貨員，以增加刺激感。他對這個衝動亦覺得擔心，因為是非禮別人的違法行為。

痛快，莫非真的是痛苦與快感的混合？

戀物癖始於與初戀女友的性回憶

當一個人必須倚賴物件的刺激，才能引發性幻想、性興奮及進行性行為，可視為「戀物癖」。戀物癖很多時是在年少階段形成，但他想不起年青時有否對皮靴產生興趣，只深刻記得數年前拍拖，與前度女友的那一次，也是他的第一次。那個晚上，她穿上皮靴。

按他描述，鍾情皮靴的感覺，始於她的前度女友。他們四年多前認識，但戀情不足一年，就因對方結織了另一位男士而結束。當全情投入初戀卻突然面對失戀，對於自信不足、社交圈子狹窄的他，實在難以消化。

對於感情無法挽回的分手事實，他希望盡快將事情遺忘，但愈想忘記，卻偏偏一直心中銘記，從沒沖淡。

他形容她有一雙修長的腿，穿上皮靴令她的體態更添嫵媚，更加吸引。他記得那一次兩人相約往澳門旅遊，啡色秀髮的她，穿上短裙及黑色長靴，數年前的情景，至今記憶猶新。

「穿上皮靴的她特別美麗，看到她的美態，我不得不承認有很強的性衝動和性慾望。那個晚上，我跟她上了床，這是我跟她的第一次，也是我人生的第一次。」

如果初戀是深刻的話，初戀的第一次性經驗，更難以忘懷。

那是他的第一次，也是最後一次與她上床，因為不久之後，她就另結新歡，向他提出分手。

燒得熾熱的火燄，突然被冷水潑熄，對這個純品、感情閱歷不深的年青人來說，如骨在喉，不僅消化不到，簡直哽塞得出淚。

分手以後，他情緒一直鬱悶。除了上班及必須要的應酬，他偶爾會在街上閒蕩，其餘大部分時間都留在家。他經常回想昔日與女友的相處時光，那個穿上皮靴美麗的她，性感得令他亢奮的她，那次甜蜜澳門之旅，那次給他難以忘懷的性滿足之夜。

時間會過去，說話會忘記，但記憶與感覺，不曾離開過他。當然，他更加渴望這些經歷，不只是記憶，還可以在現實中出現；但如果是記憶，他希望自己可以停在記憶裏。

透過皮靴，重播與初戀女友的初夜回憶

每當夜深，當他躺在床上，那個穿上皮靴的她，經常會在他腦海浮現，由回想到性幻想。每當在街上遇上穿皮靴的女士，他都會定睛盯望，現實、記憶、興奮，混雜一起；皮靴，將一個在記憶中的興奮親密感覺，連接在現實中。

皮靴，除了是引發性慾、性興奮及性幻想的必須物

件，也成為他記憶與現實的連繫。

由望着皮靴的視覺，觸摸皮靴的觸覺，吸索皮靴味的嗅覺，加上對昔日情景的回憶，透過自慰的興奮，他可以一次又一次重尋昔日的滿足與興奮，是真實也是虛幻。

皮靴，是他生理與心理、情與性得到滿足的記號，也是他傷與痛的印記。

對他來説，皮靴不只是一件物件，而是一段難以忘懷的感情與深刻性經驗的回憶與投射。當人留不下，他只可以透過物件，回想及找尋不真實的幻想。

有時，感覺還在，人卻已經遠走；有時，明知不再相見，反而不斷在腦海中相遇。

如果痛過、傷過、哭過，才叫真正經歷過，他寧願自己沒有試過。

給自己的問題

如果你的伴侶有些性喜好與你不同，你會要求他改變，還是投入他的喜好去接納對方？你考慮的因素是甚麼？

一位男士問:「如果我控制不住,將來非禮了其他女性,你能否承諾為我的行為保密?」

治療師:「輔導中的保密,是指你的個人資料和曾經談及的事,但如果你傷害了其他人,這就不單是你個人的事。

我希望你可以改善你的行為問題,但同時有責任保護其他人不受到傷害,就如我們知道有罪案發生,每一個市民都應該報警求助,協助一些受傷害的人,不會因為要維護一個人而令另一個人受害。

所以你應該學習控制自己的行為,既是保護人,也是保護自己。」

網上情色，騙財程式

網上情色陷阱：橋唔怕舊最緊要受

網上世界，你可以有無限的選擇，同時你也在被選擇。

根據警方資料顯示，2020 年上半年共錄得網上情緣騙案 267 宗，較去年升 54%，受害者近 9 成是女性。騙徒通常假扮商人或專業人士，與受害人結交後作出行騙。

至於裸聊案，2020 年上半年共錄得 206 宗，升幅逾 1.28 倍，其中 95% 受害人屬男性。通常是女騙徒引誘受害人，邀請在鏡頭前裸露或作出不雅動作，然後聲稱拍下受害人裸露片段，勒索金錢。

同類案件過去幾年不斷發生，公眾教育不斷提醒要留心網上情色陷阱，但事情不斷重複，再次說明了「橋唔怕舊，最緊要受」。即使是新相識了解膚淺，就立即以身相許；又或素未謀面，就覺得是兩情相悅，究竟是香港人錢財豐厚易呃，還是腦袋簡單心靈貧乏易騙？

哲學家黑格爾有句名言：「人類從歷史中學到的唯一教訓，就是沒有從歷史中汲取到任何教訓。」這是否也是我們的實況？

由 Mr. Right 到 Wrong Judgment

「我第一次給他兩萬元時，是認識了大概兩個月，我覺得除了幫助他，也是為我們的關係而付出，況且金額不是很大，所以……」她向我憶述曾經被騙的經歷。

她在網上遇上「他」，由公事到生活事、由朋友關係到價值觀，大家都談得很投契。兩人經常發送一些生活照作分享，她覺得已經走進他的生活中，對他的好感與愛意也逐漸萌生。

「他說我給他的兩萬元助他渡過了難關，感激非常，又讚我樂於助人，既溫柔又善解人意，希望大家的關係可以發展下去，甚至將來一起生活。」她說。

那一刻，她內心有點興奮雀躍，認為大家真的可以發展下去，往後他們在網上的接觸越來越密。

如果他是騙財，錢給了，他應該消失，但他們的接觸反比以前增加，所以她認定雙方的感情是真的。她由起初想過可能會被騙，漸漸演變到認為自己可能遇上真愛。

「及後，他邀請我到台灣見面，但礙於他的住房狹窄，他提出我們合資購買居所，以便我去探望他時有舒適的住處。那次我給了他 7 萬元，但後來再詢問購屋進度和詳情時，他開始支吾以對，經常 Offline，最後找不到他。」她描述發現被騙的情況。

「那麼愚蠢，沒腦的嗎！」、「一看就知是騙局，你怎會看不到？」這是朋友知道她遭遇後的普遍反應。

平時一個簡單的思維，在意亂情迷的狀況下，就是想不出來。

受騙者有時會夾雜着一種「即將成功」的心態，就像玩「推銀機」遊戲，望見機內的銀幣快掉下，以為差一點就有收穫，於是繼續將錢放下去。兩者唯一分別，是「推銀機」不斷加碼，銀幣終會掉下來，但對着騙子，只會空手而回。

暗藏危機的自我安慰——與女網友裸聊自慰

在情色世界中，遊走在得與失之間的，沒有性別之分。

剛滿 25 歲的他，看過一些報道裸聊案件的新聞後，開始意識到自己可能同樣置身類似危險中，他正擔心自己會當上下一宗裸聊勒索案的主角。

裸聊是網絡性愛（Cybersex）其中一種，是指將身體裸露於視像鏡頭下，透過網絡影片傳送給聊天對象，後來更發展到雙方在鏡頭前裸露自慰，一起分享做愛的性幻想。

「那個晚上 Online，她説心情欠佳，問我可否和她談一會？之前一個晚上也和她談過，感覺 OK，所以便和她談下去。」

「其實近年我心情也不佳，畢業三年，工作毫無突破，自問也算勤力，但只換來上司分派更多『豬頭骨』工作。」他對上司失望，同樣對自己也失望，甚至懷疑自己的工作能力。

「這幾年放了很多時間在工作，又要輪班，以往的同學和朋友見面也少了，有時真的不知這樣工作是為了甚麼。」原來，心情欠佳的，並非是鏡頭另一邊的那個索女。

「協助她傾訴渲洩不快，自己也有一種輕鬆感覺。後來她希望可以有進一步釋放，脱去衣服開始自我摸撫。身為男人，我當然不介意。」

「後來，她希望我協助她提升快感驅走苦悶，邀請我和她一起在鏡頭前脫去衣服自慰。於是我便……」

由與人的連繫感覺到心理上的滿足感，再轉移到生理上的快感和刺激感，都是生活失意心境納悶的他，極度渴求的。因此，當有個柔弱又主動的美女讓他滿足「需要及被需要」的渴求時，他豈能招架得住！

以往，他常因工作不快而失眠，會在網上打發時間。現時他夜深也睡不着，是擔心打開電腦時會收到載有他由五官到性器官的自慰片段，給人勒索。

在性行為中男人沒有蝕底的可能？

有些「警戒」，要去到某個「境界」，才能明白領悟。

一直以來，大部分人認為在性行為中，女性是蝕底的一方。他現在深深體會，這個想法已經不合時宜。

「你曾否想過拒絕對方的裸聊邀請？」我問他。

「作為男性，原本以為不會蝕底吧！況且，又不是真正上床；還有，女性主動送上來，如果拒絕，別人會認為我若非膽小，就是性無能。」

面對性的邀請，男性很少會想到有不願意和 Say no 的權利，總認為甚麼時候都應該 Available。

因為是男性，所以他覺得自己沒有拒絕「性」的權利。當女的選上你時，作為男的，就只有被選上的選擇。原本他想保護面子，最後卻發現原來連保護自己安全的能力也沒有，因此惶惶不可終日。

此刻，他也弄不清自己究竟是獵人還是獵物？

愛亦有道，騙亦有道

有人認為只要付出更多，就能得到更多的愛，當相信「遇到真愛」，強烈的「愛與被愛」渴望會令人不自覺地不顧一切的付出，邏輯思維要靠邊站，直至你查看真相，才發現想像與現實全不一樣。

古裝武俠小說中常道，最危險的地方就是最安全，現今的人置身最安全的家裏卻將自己推進危險境地，還會失金、失身和失心。

累積知識和科技進步的背後，現代人最想找的，到底是甚麼？

男人的承諾會令女人感動，女人的輕撫會令男人心動，這是情的道理，也是騙的道理。

高明的不是行騙者，只是被騙者帶着迷糊的目光去憧憬愛。

給自己的問題

你相信網上可以交到真心朋友嗎？你認為網上交友是否需要有一條清晰界線，釐定可以做甚麼及不做甚麼？

一位男士問:「我在裸聊後收到勒索,要我付上金錢,我應該怎麼辦?如果不依從,對方會否將我的裸露片段公開?」

治療師:「被人威脅當然不能就範,否則只會助長騙徒行徑,鼓勵他們勒索更多的人。勒索是違法行為,你應該報警求助,即使未能將騙徒緝捕,也不能讓他們得逞。

況且,私下跟他們交易,滿足他們的要求,可能只換來變本加厲的敲詐。對方在暗你明,對方怎樣做,你已經控制不了。

如果真的極度不安,與其每天對着電腦螢幕恐慌,不如離開電腦 Offline 一段時間。即使出現最差情況,照片被流傳,但網上世界的炒作通常只會維持一段很短的時間,不作反應可能就是最好反應。」

Chapter 05

創傷的
身與心

性，是很迷人的關係，又會是最多眼淚傷痛的地方。愈親密的接觸，愈容易引致創傷；愈多創傷經驗，愈難投入親密關係，但重新經驗愛與親密，正正是治療創傷的重要元素。

曾經創傷的人，最需要的，是恰當的提起勇氣、張開手臂，接受自己曾經受過傷之餘，同時確認自己有能力與人建立真摯的親密關係，不讓自己繼續停留在昔日的孤單中。

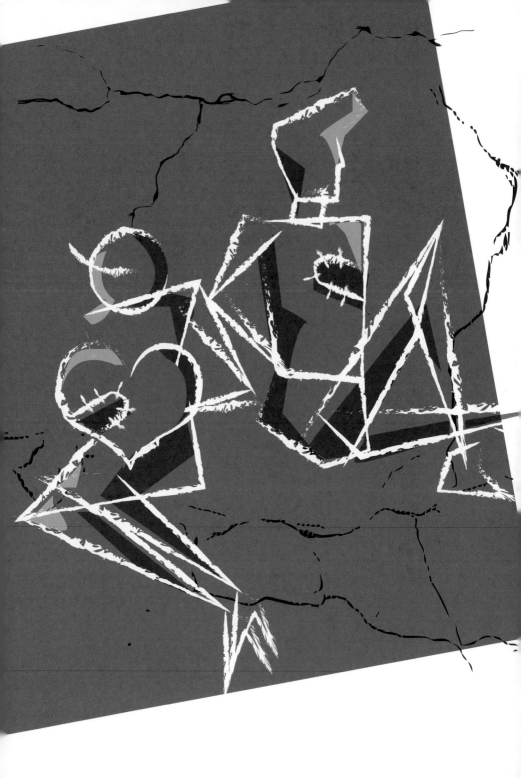

不曾說出的秘密

與男友親熱勾起被性侵犯的創傷

由外地完成大學回港，她一直從事醫護工作。她外型清麗斯文，不乏追求者，但全部都給她婉拒，直到遇上現時的男友，他們開始拍拖至今，已近一年。

一個晚上，兩人在海傍散步，閒談間兩人身體互偎，開始接吻。男友由肩膊順着撫摸到她背部和腰間。情濃之際，男友覺得原本依偎胸前、抱在手中的溫軟身軀，突然僵直顫抖。

男友擔心她情況，她簡短回答：「沒甚麼！」

男友是教師，曾修讀一些輔導課程，對人有一定敏感度，覺得她的反應有點異常。數天後，他找了一個寧靜地方，向她的情況表達關心。

那天，她說出了埋藏心底 13 年，從沒向人透露過的秘密：她曾給同校一個男同學非禮。

事情發生在 14 歲，她獨個兒在外地讀書，住在學校宿舍。

一個晚上，一個高年級男同學騎在她身上按着她的手腳，她的上衣幾近被扯破。對方伸手入她的內褲和胸圍，由上下到前後，她全身被撫摸。

在輔導室內憶述事件時，她眼眶淚下卻沒有用紙巾拭抹，因為她的雙手不停搓壓紙巾，紙巾早已小片小片的被捏碎。

散在地上的絲絲紙屑，印證着她內心的恐懼與撕裂。

怕令父母失望，不敢告知被性侵犯

她是家中唯一的女兒而且排行最小，父母管教嚴厲。母親常提醒她「女仔要守規矩」，叮囑她要小心，「女仔之家唔好咁隨便……，唔好被人搞，有乜行差踏錯就一世！」雖然她不太明白為甚麼「被人搞」就　世。

「大聲説不、離開侵犯者、將事情告訴信任的成年人」，這是教導小朋友面對侵犯的三步曲，她卻從沒將被性侵犯的事告訴父母。

選擇沉默，是擔心若事情説出來，她不知怎樣去面對父母的失望，也難以想像他們的反應，更不知怎樣面對這個「咁就一世」、「已經玩完」、再無價值的自己。

她寧願隱藏創傷，不將秘密告訴別人，因為脆弱的她不能再承受親人對她失望。

思想上「遺忘」創傷，身體卻從沒忘記

面對創傷，人會為發生的事情找一個合理解釋。如果事情沒有合理原因和解釋，內心就會有不安及失去掌握的感覺。為免被不安感覺吞噬，她的自我防衛機能將難以消化的記憶與感覺遺忘，彷彿事情從沒發生過，以至可以穩定地生活下去。

沒有感覺，並不是因為作過甚麼，而是從沒有為自己作過甚麼。

獨個兒在異地，要適應新環境新生活，對 14 歲的少女來說，已不是易事，再遇上這些可能連成年人也未必懂得處理的侵犯創傷，除了驚恐，她還是只有驚恐。為令跌宕情緒盡快平復，她將情緒記憶抽離，佯作若無其事一切自然。多年來專注讀書，她的努力終於得到回報，大學以一級榮譽畢業。爭取良好讀書成績，也是她彌補「價值缺失」的唯一方法。

她也以為侵犯事情已經過去，但多年前的夢魘，原來一直存在於身體記憶，只是她已習慣將之剔除於日常生活的意識層面。直到遇上男友，被他的關心和真誠吸引，在那個溫馨親密的晚上，身體撫摸令她出現「閃回」（Flash-back）徵狀，昔日被侵犯的情景恍若於當刻出現，身體突然變得僵硬，就像 14 歲時那一刻的身體反應。

抑壓不等於忘記，忘記亦不等於消失。當她回想被侵犯的經歷，身軀繃緊、腰板伸直，雙手不是撕碎紙巾，就是緊捏 Cushion 兩角，邊說邊流淚，一個昔日脆弱恐慌無助的少女，現在眼前。

性創傷的陰影會長時間存在受害者記憶中，很多時會影響日後的性生活，甚或會因抗拒身體接觸而引致性慾缺失（Sexual Interest / Arousal Disorder）、因身體緊張不能放鬆而引發的性交疼痛（Genito-Pelvic Pain / Penetration Disorder）等。

她在醫院工作，經常接觸不同病人的身體，卻不能讓人接觸自己的身體，原來思想上幾近忘卻，身體卻一直牢記，直到遇上一個令她體驗到關愛與安全感的人，心靡才被打開。

被辱，是不能說的秘密；被愛，令她說出從沒向人說過的創傷。

由身到心分辨 Bad Touch 與 Good Touch

給自己一個空間，接觸抑壓多年的內在恐懼，釋放積聚已久的累與痛，是她此刻最大的需要，她的淚水開始決堤。

眼淚讓她接觸自己的內心傷痛，也可以讓她明白傷痛是如斯真實。

當她的眼淚稍為收減，左旁男友頭靠向她，右手撓過她的身軀輕拍她的右肩，左手輕握她在 Cushion 上的雙手。當她的身體微傾倚偎男友時，我建議她放鬆身軀並專注體會那一刻的感覺。

人的身與心互通相連，身體接觸可以令人經驗情緒，恰當的身體語言，威力勝過千言萬語。

「他此刻給你的身體接觸，你有甚麼感覺？」我問她。

「覺得舒服、安慰，很安全。」她靜了一會後回答。

只希望她可以重新分辨自己的身體經驗，明白好壞關鍵並非在於身體接觸本身，而是在於當事人的自主，以及對方是否你樂意親近的人。當她樂意與他親近，當她專注此刻的對象是心愛的人，當她集中於當下身體接觸的感覺，她才能慢慢體會由身體接觸而來的放鬆、舒適、喜悅和安全。

這是一個分辨過去的 Bad touch 與現在的 Good touch、學習專注於此刻關係、投入當下感覺的過程，也是一個由身到心（Body to mind）的分辨與體會過程。

人不能忘掉過去，但可以因為對自我的覺察和調整，改變將來。

　　期盼她可以透過愉快喜悅的身體接觸經驗，令昔日負面性經驗的記憶逐漸沖淡和被取代，在新的經驗中找到新的體驗。

　　「我的情況能否復原？」她問我。

　　「我沒有能力給你保證，但我看到你擁有兩大正面元素：你有很大的改變動機，以及你擁有一段充滿關愛、信任和支持的感情關係，所以我對你有很大的信心。」我微笑地回答。

給自己的問題

如果你聽到身邊有朋友經歷過性創傷，你會怎樣回應他 / 她？支持而不是可憐，同理不是同情，是甚麼意思？

性，不只是兩腿間的事

性治療師話你知

在研究及臨床經驗中，童年性侵犯對一個人日後的性生活有着深遠的影響，甚或會出現下列的性困擾，需要接受治療：

1) 對性感到骯髒污穢、嘔心和罪疚

2) 難以放鬆投入和享受性愛

3) 缺乏性慾

4) 性交疼痛

5) 高潮障礙

6) 害怕失控，對性生活採取迴避或操控的態度或行為

7) 當有親密行為時，受過去性侵犯事件記憶所襲擊（Flash-back），出現極度緊張和恐懼

8) 對身體感覺有混亂，一方面渴望親密關係，另一方面因過去性侵犯事情而害怕親密身體接觸

一夜情的快感只是刺痛

因為寂寞，她找尋寄託；
找到寄託，她更加寂寞。

有多個性伴侶的她擔心惹上性病

當發現陰道有異常分泌和痕癢，她內心混雜着恐懼和擔心。

「如果是性病，怎麼辦？」

「是那個衰人令我……」

「每次都有用套，不會吧！」

當一直盤算自己情況，一幅一幅在過去數星期，她跟不同男士纏綿的影像陸續浮現，焦慮與自我安慰在她腦海中不斷博弈。

診斷結果指不是性病，是念珠菌引致陰道發炎。從診所走出來，理應舒一口氣的她，胸口仍有像被石頭壓着的沉重。

「這次好運沒有大礙，但不是每次都……」雖然不是性病，她覺得這次是身體給她的一個提醒。

由診所到輔導室，本需半小時的路程，今天她用上了個多小時，因為她提前兩個地鐵站下車，給自己慢慢步舒舒氣。

流連酒吧，尋找一夜情的快感

若不是她給我看手機中的照片，很難相信照片中穿長皮靴超短裙的性感打扮女生，與眼前坐在輔導室內一身行政人員打扮的淡妝女士，竟是同一人。

過去兩年，很多個週末晚上，她都會走到酒吧消遣放鬆。她更不諱言，若遇到合眼緣或有 Feel 的男士，會給對方暗示，來個 ONS（One Night Stand）。

酒與色，絕不是男人的專利。

她手袋內常放有一支費洛蒙，是向目標男士增加吸引力的武器。其實單憑外表，她的性感打扮已極具吸睛能力，再加上催情香水，向她主動搭訕的男士，從來不缺。

在有限時的床上，尋找甜蜜溫暖的感覺

按她説，短暫的一夜，是想找 Sweet 的感覺。

「他們很多外形不錯，主動過來，請我飲酒……」

「他們説話幽默，讚我靚，説我衣著有 Taste……」

「拖着我、抱着我時，很溫柔、很 Warm。」

當我以為她很享受這些快感時，她的語氣開始轉變。

「很多時我不一定想有 Sex，但他們花了整晚時間陪我，所以……」她覺得對方有付出，自己也要有點義務。

「試過在酒店睡醒，對方已經走了，一個人在床上很難受……」

「試過上床後問對方電話，可能再聯絡，但他一句『Sorry，唔使啦』，只給我一個 Goodbye kiss。」原來，Goodbye 的意思不是「再見」，而是「不再見」。

上床前，對方説她了不起；上床後，向她説對不起。她覺得孤單想有人陪，但最後還是剩下一個人，更孤單。

為了減少失落和孤單感，她學習去適應這個可以「上身」卻不用「上心」的遊戲。

戴了安全套就是安全？

「與陌生人上床，有否考慮安全問題？」我問她。

「我會透過談話初步了解對方，又會做足安全措施，一定要對方帶安全套。」

用安全套就是安全？有時真的搞不清，我們對安全性行為的想法，是安全還是危險？

「兩個人情到濃時，上床滿足需要，是個 Fair game，落床後不會互相纏擾，也不需要面對複雜的感情煩惱，未嘗不是好事。」她好像已適應了這個不要上心的遊戲。

在三段感情中受傷離場，質疑自我價值

由一夜情，她開始談及過去三段感情。由現在的睡床到以往的關係，她最想忘記的，一直都不能忘記。

她成長於一個不愉快家庭，大學畢業後不久就與一位男士同居，後來發現對方好賭，欠下一身卡數。當她努力幫他清還債項，又會有另一間財務公司來追數，對方後來更私下用了她的姓名作諮詢人去借債。

她像跌進一個無底深潭，完全掌握不到他的實際情況，經過接近大半年的糾纏，她決定離開。自此她不斷提醒自己，將來再選伴侶，一定要是個無不良嗜好的男人。

性，不只是兩腿間的事

後來，她與一個在銀行任職管理工作的男士結婚，丈夫溫柔體貼，對她關懷備至，她期盼的幸福，終於出現。

但婚後兩年，她發現丈夫與一個女同事有染，原來丈夫的溫柔體貼，從婚內延伸到婚外。由激戰到冷戰，丈夫指會結束婚外情，但需要足夠時間準備，給小三慢慢適應他淡出，但她覺得丈夫只是拖了又拖。失望漸轉絕望，她最後決定離婚，減低傷痛。

年多後，她結識了另一位男士，開展第三段感情。她對他很着緊，他漸成了她的生活重心。但男友覺得雙方的相處給他很大壓力，兩人經常因雙方關係與個人空間的矛盾，引起爭吵。

不久，男友提出分手。

「兩個人相愛，不是應該將對方放在第一位嗎？」她帶點懷疑，亦有點不忿地說。

分手後不久，她發現男友發展了另一段感情，她開始懷疑，男友是因為移情別戀而分手。

她常在 Facebook 看朋友的照片，這個與男友燭光晚餐，那個與伴侶外遊；看到公司內這同事有男友接送，那同事在辦公室收花，她的自信越來越少，自我懷疑越來越多。

三段感情失敗，她開始想是否自己人不夠好、貌不夠美，所以出現一而再、再而三的感情失敗？原來，她失去的不僅是情感對象，而是整個人失重崩潰，自我價值掏空，遂不斷急忙去填補內心空洞。

一夜情比真感情痛得少？

「自問對感情認真，但認真你就輸，而且輸得很慘。現實世界裏，不會因為自己坦白，對方就會誠實；以為很了解對方，原來被蒙在鼓裏。感情，實在太難應付。」她望着輔導室內米白色的牆壁說。

「在 ONS 的世界，雙方找 SP（Sex Partner）尋快感的目標很一致，沒有誰騙誰的欺詐和出賣。透過性接觸而來的身體反應，既真實也誠實，身體不會欺騙你，有快感就感覺到，直接得不需思前想後，不用推敲揣摩。」

對她來說，沒有愛的性比一段令你痛的愛，更易掌握，所以她寧願走到蘭桂坊做索女。

很多人認為性不應太隨便，一夜情是不道德、不安全及會帶來傷害時，她對不道德、不安全和傷害，有另一番更深體會。

最糟的感情事，並非失去了所愛的人，而是當失去所愛的人後，自己也相繼迷失。

這次身體出現病徵，或許是提醒她要停一停，思考一下自己真正的需要是甚麼。

給自己的問題

性與愛，是人的渴求，如何在追求情性關係滿足自己之餘，而又可以避免受傷？

性治療師話你知

男女偶遇，想做就做於是去上床，似乎是率性和刺激的事，但有研究顯示，沒有心思熟慮就與陌生人發生性行為，除了考慮個人安全和性病風險外，還會帶來負面情緒。挪威學者 Leif Edward Ottesen Kennair 曾訪問試過一夜情的男女，結果發現：

1）男女發生一夜情後會出現不同的負面情緒和狀況：無助、悲傷、寂寞、缺乏安全感、恐懼、混亂、想哭、覺得一無是處及需要被安慰。

2）79% 至 84% 男性會感到一種或以上的負面情緒，而女性比率更高達 86% 至 89%。

3）男女對發生一夜情都會感到後悔：男人後悔主要是擔心一夜情伴侶要求有進一步聯繫；女人則因為關係來得太快而感到後悔。

4）即使性交時產生的荷爾蒙令人覺得與床上伴侶關係親密，但短暫歡愉過後，反會令雙方產生距離感。

近距離的身體接觸不一定會帶來親密感和滿足感。

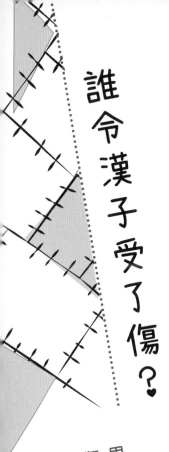

誰令漢子受了傷？

男人，不是不會受傷，只是沒有表達受傷的權利。

侵犯只是「玩大咗」的遊戲，受傷是因為軟弱

曾經有紀律部隊人員傳出被同僚集體性侵，有被強行脫去褲子手淫，亦有被按壓枱上把忌廉蛋糕塞進肛門。

有人認為是遊戲，只不過「玩大咗」。性侵，是遊戲嗎？遊戲，應以喜樂結束，侵犯卻以傷害收場。

男人的世界，是一個比拼競爭的世界，會玩一些粗獷或體力的遊戲，以力量表現Man，是男人的法則。用暴力或性遊戲作玩耍或教訓別人，強者勝弱者敗，「要玩得」與「要接受被玩」，沒有成為受害者的理由，也沒有提出受傷不滿的權利。

在講求強與弱、征服與被征服的世界，受害人會被視為不夠「硬淨」。在「被人欺凌是因為自己軟弱不濟」的邏輯下，被欺凌的受害者只能自嘆不如，自憐地將淚與痛一同埋藏。因為一旦申訴，會被譏諷「咁都唔玩得，係咪男人嚟㗎！」若表示憤怒，會被反指「玩吓唧，男人要大方啲，唔使咁大反應！」

要擺脫弱者身份，男人會跟隊進入征服者行列。見到別人被玩，也會「參與玩」，因為欺壓是遊戲，極其量只是「玩大咗」的遊戲。

男人被性騷擾只有着數，沒有蝕底

性騷擾，一般人會聯想一個猥瑣男人「鹹豬手」觸碰女士。這種滿足個人私慾的侵犯行為，一般人都會唾罵。但有一次，他被人「鹹豬手」，卻聽不到別人同情，也聽不到半句對「鹹豬手」的譴責。

他 20 歲出頭，在銀行工作，有次向一位中年女士推銷投資產品。他介紹產品時，她的眼睛一直盯着他，突然問：「我今日穿得靚不靚？」後來，女士進一步伸手按壓撫捏他的上臂，順勢由手臂滑下手背，捉着他的手笑着說：「你身形看上去有點瘦削，原來頗結實！」

他將這個不快經驗告訴同事。

「你有着數啦！」一個同事以說笑口吻說。

「可能你手毛長，有男人味，好吸引！」另一個說。

「可能她將你當作兒子！」有一個則想安慰他。

如果這事發生在女同事、男顧客身上，同事們的反應可能完全不同，但因為他是男人，「鹹豬手」的嚴重性，大大減低。

女人在不同意的情況下被摸，叫「蝕底」；男人在不同意的情況下被摸，叫「着數」，這是一個頗難明白的道理！

是我們覺得男人不會被性騷擾？抑或認為男人有能力保護自己，所以性騷擾不會發生在男人身上？還是我們認為同樣的行為發生在不同性別，意義就不同？

有一位男士曾經在地鐵車廂內，被身旁女士用手按壓他的下體，他覺得那磨擦不是無意的碰撞，列車到了下一站，他急忙逃離車廂。

「你為甚麼當場不大聲説出來？」我問他。

「男人被女人非禮，有人相信嗎？若雙方對質，我擔心被反指我用下體去碰她，反控我非禮。雙方憑口説，別人會相信男人非禮女人多於女人非禮男人，所以還是沉默離場。」

他的想法，是智慧，還是無奈？

男人沒有受傷的權利，被性侵只能沉默？

由於沒有受傷的權利，沉默是男人唯一的出路。

沉默，令他在無助與混亂的陰霾中，生活了 16 年。

10 歲那年，他從遊戲機中心走出來，被一中年男人騙到後巷，受到拳打與性侵犯。回家後，媽媽見到他的傷痕，於是報案。錄取口供時，警員多次説「細路，唔好成日出街玩，喺屋企咪冇事咯！」身旁媽媽也同聲和應。

警察和媽媽令他覺得事情是源於他「唔夠乖」。那一刻，他慶幸自己沒有説出性侵犯的事，否則面對的指責批評將會更大。

被侵犯時有興奮勃起，覺得自己很 Cheap

令他最混亂與困惑的，是侵犯過程中的身體感覺。

「我的情況是否正常？」是他經常心裏想着的問題。

「你所指的情況是甚麼？」我問他。

「我一直不明白，也不敢跟別人説，因怕別人説我有問題。」

他所指的「有問題」，是被侵犯時的身體經驗。

那次侵犯，他被撫摸上身和性器官，又被威嚇給對方口交。那次是他人生第一次目睹一個成年男人的性器官勃起。

這個秘密埋藏心中多年不向人說，是怕成為笑柄，笑他沒有能力保護自己、笑他被男人搞過後會變成 Gay。

除擔心被恥笑，令他最混亂的，是他被撫摸陰莖時，他有興奮出現勃起。

「明明是被侵犯，為甚麼會有興奮快感？難道我享受被侵犯？我覺得自己很 Cheap！」這是他首次說出積存內心多年的矛盾和疑惑。

理性上他很清楚性侵犯是違法和不道德，但身體反應像是出賣了自己的思想道德判斷。

「我是否很有問題？是身體反應出錯還是我有錯覺？」糾結一起的疑問和混亂，多年來不斷強化他的自我懷疑和自我否定。

性器官有獨立的、無法控制的自然感官反應

很多時，我們對自己的身體並不全然了解。

身體接觸是經驗愛與被愛的其中一個途徑，當身體和皮膚被撫摸，出現舒適滿足感覺，是自然生理反射（Physiological reflex），性器官被觸碰，情況也是一樣。即使是性犯侵，性器官被觸摸而有興奮反應，並不罕見。

身體就是這樣自然，簡單直接得沒有修飾。由於這種直接真實感覺，令他出現混淆，以為有性反應就等於喜歡被性侵犯，令他抗拒被侵犯但又同時被侵犯時的身體感覺吸引。

那一次性經驗，令他對身與心的理解，產生混淆和誤解，難以相信和接納身體反應，被矛盾和羞恥鎖了十多年。

　　對身體反應的迷思，被剛強形象所束縛，令男人面對性侵，難以消化被剝奪、無法控制身體反應的創傷經歷，也失去自我認同的能力。

　　強者的背後，隱藏着層層羞恥、無助、焦慮與恐懼。

　　男人的脆弱，源於他希望塑造自己，成為堅強的男人。

給自己的問題

當一位男士向你表達他內心的傷痛，你會否有不舒服的感覺？你會怎樣去回應他？

性治療師話你知

性侵犯常會令受害人帶來對性與身體的誤解，所以在治療過程中，除協助受害人處理創傷經歷外，還會鼓勵他們重新檢視一些可能扭曲了的性觀念：

1）不是性本身令我痛苦和恐懼，而是性侵犯

2）遭性侵犯並非我的錯，也不是我的意願

3）我的身體沒有出賣我，是侵犯我的人出賣了我

4）我有權對性要求説「是」或「不」，我是自己身體的主人

5）性是自然的，並不污穢羞恥

6）性的感覺可以很歡愉暢快，性經驗也可以很甜蜜，我也可以享受性

7）性侵犯並無損害我的可愛自我形象，我仍然是寶貴和有價值的

（資料節錄：明愛曉暉計劃《走出陰霾活出自己——性侵犯輔導自助手冊》）

歡愉後的傷感

即使沒有擁有過,也會害怕失去;即使沒有快樂過,也會感到痛苦。

情性關係的倒轉——先性後愛

這個年代,上床容易拖手難。

「婚前性行為」這個以往經常討論的性教育課題,近年已被「Friend前性行為」取代。

Friend前性行為,是指兩個人連基本認識也沒有,就可以上床。

以前,我們認為情性關係的發展,是先認識,再戀愛,最後才上床,性是親密關係的終點。

今天,關係次序變成:先上床,跟對方認識後,看看能否成為戀人。性成為關係的起點。

與有好感的網友上床,對方卻只視為性交易

90後的她,跟我談及一次與網友見面後上床的經驗。

「我在交友App認識他,跟他網上交談了個多月,覺得他很Nice,於是應約見面。首次見面,覺得他樣貌五官端正,沒有『宅男』味道,在Café聊天,覺得他頗細心,對他頗有好感,於是想繼續和他交往。一小時後,他提議往一個安靜地方再傾,我們去了一間賓館,之後⋯⋯」

他帶她到安靜地方，當然不是想接觸她的內心，而是想接觸她的身體。

由虛擬到現實，連對方真正名字和背景都不知道就上床，存在很大風險。當我心中慶幸她沒有遇上任何性暴力情況時，她卻道出心中鬱悶。

「他離開時放下五百元，我整個人呆了一會。我是對他有 Feel 才跟他上床，但他卻給我金錢，當我是甚麼？私鐘？援交？」她覺得金錢等同買賣交易，是對她感情的嚴重扭曲。

她心有不忿繼續說：「五百元！援交也不只這價錢，簡直侮辱！」

如果每個人都有一個價，如果價錢等同價值，怪不得她覺得被踐踏。原本她的自我形象已經不高，再看到自己五百元的身價，實在有點瞧不起自己的感覺。

「如果他給你五千元，你感覺會好一點？」我希望她檢視自己真正的需要是甚麼。

「那又不是……」她開始靜了下來，似乎若有所思，也若有所失。想要的得不到，是種失落；得到的是不想要的，是另一種失落。

不斷從上網認識到上床，愈「上」愈迷茫

由網上虛擬接觸發展到真實肉帛相見的，還有她。

她不足 20 歲，性經驗已比不少成年人多。自 15 歲發生第一次性行為後，她開始在網上結識異性，由 On-line 物色對象、相約見面到上床，很多時在數星期內完成。但性經驗愈多，由

網上到床上走得愈快，她愈覺得迷茫。

「上床之後，有時希望能夠和對方繼續發展，但不知甚麼原因都是沒有結果。我曾向一些男生表示想繼續交往，對方不是不回應，就是索性 Off-line。我不會在同一時段內結識不同男生，都是一個完了才開始另一個，但沒有一個留下。」

她認識的朋友，有些會透過上床和男友「箍煲」，她卻慨嘆自己不曾有過開始的機會，因為那些與她上床的男生，稱不上是男友，只是「炮友」。

用身體換取回報，得不到愛就要金錢

「單純上床，為甚麼你認為可以發展關係？」我問她。

「網上聊天時，他們對我談的話題都很有興趣，很想了解我的生活情況。出來見面，他們很主動，會問我喜歡吃甚麼，有些還會送禮物給我。」她跟我說。

「在床上，對我溫柔細心，有一次我在床上轉身時不小心，在床邊幾乎掉下，對方急忙將我攬着，囑咐我要小心。」她覺得這是重視關心，所以希望這些感覺可以延續。

閒談時問她的興趣，可能只是投其所好，是討好她的上床前奏，但她卻一廂情願以為這是濃情愛意，急不及待將身體獻上。如果看到別人跌倒，有自然反應去扶人一把就是親密與愛情，我扶着老婆婆過馬路後，豈非……她的想法，是單純還是幼稚？

與人相處，如果不能將身體與情感、性與親密作出分辨，她只會繼續遊走於期望和失望之間。

月前，她腦海裏泛起想做援交的念頭。

「與其都是上床，何不取些回報？況且，當有心理準備，視上床是交易，就不會再期望落床後有感情發展。」她説。

起初，她想透過身體去滿足內心期望；現在，她想利用身體令自己不再失望。

對她來説，付出感情得不到回報，是很大的痛，若上床不帶感情，痛就會減低。

她是變得實際，還是更不切實際？

不再牽涉金錢的性關係，是為了騙取更多金錢

很多人認為網上關係很虛擬，難以建立基礎，他卻覺得現實世界中的感情關係，同樣不易掌握。

「對於你的『女友』，你還是小心一點，我建議你不要太認真。」當他交上這個「女友」，有朋友已提醒他切忌認真。他的感情，結果真的觸礁。

他口中的「女友」，在夜場工作，他是她的顧客。後來肺炎疫情肆虐，夜場活動受到限制，她對他説：「我雖然在那裏工作，但環境始終較複雜，去得多不好。你可以來我家，除了較衞生，還可節省金錢。」他去光顧，她就是受益者，現在卻勸他不要光顧，令他感到她的關心，覺得兩人的關係不再單純是買與賣。

以前他付錢、她提供按摩及性服務，是清晰的消費關係。後來在她家中上床，她拒絕他的金錢，令關係變得曖昧。付費的性是購買，不用付費的是否因為有感情？不牽涉金錢的性關

係，他感到有點模糊，卻投入更多，因為多了情感投放的性行為，滿足感更大。

但不用付錢，原來更貴。

一個晚上，她說鄉間母親患病要做手術，他記不清是她要求還是他自願，他給了她五位數額的金錢。及後，她間歇提出不同需要，一陣子是數千元，另一陣子又數千。雖然他曾有懷疑，卻因為抱着「感情是要付出」的想法，理性思考完全擱置。後來他才知悉，她與不同的人有相似的男女關係，自己只是她眾多個之中的一個。

「如果想發展感情，大家理應想認識更多，你對她曾有懷疑，為何不作深入了解？」我問他。

「她的言行，真的有些令人懷疑的蛛絲馬跡，我沒有深究，可能⋯⋯是不想看到真相。」他靜了一會後說。

要覺得自己擁有歡愉，原來是要令自己停留在假像中。朋友認為明眼人都看得出那女人是為了錢，所以覺得他很愚蠢。其實，對方是為了甚麼才跟他一起，他不是沒有察覺，只是不想拆穿，因為一旦看清真相，「像是有愛」的感覺就會幻滅。

「幻愛」，不單是在電影院中上演，也在現實生活中存在。

兩個性器官的落差帶來傷感

是騙人者越來越高明，還是被騙者越來越脆弱？

是現代人性觀念越來越開放，還是越來越缺乏人與人的內心連繫，所以來者不拒？

每個人都有兩個性器官，一個在兩腿之間，另一個在兩耳

之間。當兩個性器官的發展與成熟程度出現落差，快感過後，剩下來的只是傷感。

輔導室內的性問性答

一位年輕女生問：「如果跟一個不太熟識的男人上床，要求他戴兩個避孕套是否會安全一點？」

治療師：「如果多戴一個避孕套就多一點安全，那就應該要戴三四五六個，愈多愈好。當戴上十多個避孕套，陰莖也被勒死，不能性交，的確可以避免懷孕及永久不會感染性病。進行性行為時，如果戴兩個避孕套，兩個套互相磨擦，增加穿破機會，令原本的避孕功能也失去。按數據顯示，安全套並不是絕對安全，它的成功避孕率只近九成，如果單靠它用作避孕，仍有一定風險。

另外，安全性行為不應單考慮避孕及性病，還要考慮人身安全，所以與不熟悉的人上床會存在一定風險。」

給自己的問題

建立一段關係時，你憑甚麼去分辨該段感情的真偽？開放自己與保護自己，是一個矛盾還是一個平衡？

用性作報復，報復了誰？❤

報復的恐怖和殺傷力之處，在於令別人受傷之時，也同時令自己受創。

性是給別人還以顏色的武器

輔導室內，經常見證到夫妻相處的類似角力情節：既然你對我不好，我也不會對你友善，也不要觸碰我、我不會跟你親熱。這種「你做初一，我做十五」的態度，行為是拒絕做愛，心底是要給對方一點懲罰，餓你幾頓看你怎麼樣！

因為憤怒，所以不和你做愛，性成為一種向對方還以顏色的武器。但有些人，因為憤怒而和你做愛，也是一種向對方報復的方法。

有一名肯尼亞女大學生，在夜店認識了一位陌生男子，發生一夜情，事後她發現被感染愛滋病。她悔不當初，一度萌生自殺念頭。及後，她改變想法，宣稱：「我恨男人，我要報復，男人毀了我的未來，必須付出代價。」

為發洩心中憤恨，她決定展開報復行動，要跟更多男人上床，目標是「要睡二千人」，務求令他們中招。在短短三個月內，她已經與三百多名男士發生性行為。每當與一位男士發生性行為後，她都會將對方年齡、職業等背景資料記下，儼如一本復仇事件簿。

她處理自己痛苦的方式，是要別人經歷同樣痛苦。從數字上計算，她能令一個人感染，已是平手，若睡二千，奉還的多於千倍！

性用作報復，是一種傷人害己的「攬炒」

即使不討論她染病是否自己應該承擔的責任，她是否真的會為報復行動而感到欣喜？每次做愛後，將性伴的資料記錄下來時，她會輕鬆自在了一點嗎？一刹那仇恨感覺渲洩過後，剩下來的會是甚麼？報復，是否只是　而再，再而三的如用刀割向自己傷口，令傷口更深？

她放棄了輕生的念頭，選擇去復仇，原來只改用了「殺敵一千、自損八百」的「攬炒」方法，既是傷人，也是自毀。不恰當的「色」，頭上真的是一把刀。

性本是令人體驗連繫的快感滿足，一旦成為武器，每次在上床經驗到的，已不再是性愛的本質和目的。

出軌，是因為對丈夫憤怒、失望

懲罰，有時不是想給予報復，只是想得到親密。

已婚 6 年的她，一年前與公司內的一個男同事有染，後來覺得難以接受「破壞別人家庭」的罪名，最後終止了維持近 3 個月的婚外情。

她的丈夫寡言木納不懂浪漫，過去數年，她覺得兩人距離漸增，雖住同一屋簷下，卻似在各自生活，對他有一種「很熟

悉卻又很陌生」的感覺。她表達過不滿那種婚內的冷淡，他就有些微調整，但經過一段時間又故態復萌。

近兩年，他們的性生活和感情關係一樣，步步下滑。在她開始婚外情的前一年，他們只做愛 2 次，那還是要她投訴 2 次方能成事。雖說夫妻性行為次數並沒有標準，但只是 30 多歲的夫妻，身體機能正常，一年才 2 次半逼半就的做愛，她完全不能說服自己這是正常。

「我們像夫妻嗎？」這句經常在她內心的說話，其實也是對丈夫帶着憤怒的詰責。

情與性，他與丈夫之間像是有一道鴻溝。

出軌，不是要對方失去，而是因為自己失去

出軌一方，通常會極力向伴侶掩飾隱瞞，但她由衣着服飾外表打扮，像在有意無意間讓丈夫知道她有社交約會。她的行徑，「只係緊張丈夫仲緊唔緊張自己」，希望能夠測試他是否在乎。

「這段婚姻，他是否已經覺得可有可無？」

「是否自己已經沒有吸引力，所以牽動不到他的性慾，對我再沒有興趣？」

「為甚麼說過又吵過，他依然無動於衷，莫非他對我已經不再在乎，不再重視？」

在懷疑、憂慮及憤怒的情緒夾雜下，她與那位男同事的交往，越來越頻密，最後還走上床。

「我跟他上過 3 次床，每次都很矛盾：像是證明了一些東西，但又不知道掌握了甚麼；像得到一些滿足，但又不覺得輕鬆了。」跟男同事上床的經驗，除令她對自己外形身材的自信止跌回升外，伴隨而來的有更大的糾結和不安。

「其實與那男同事上床後的感覺很混亂，一方面像渲洩了一口怒氣，但另一方面又擔心丈夫如果知道自己跟人有染，婚姻必定出現危機。但如果他不知道，又不知道他會否着緊，以及會否因為着緊而對我改變。但我又不能因為想他着緊而讓他知道這事。」

情性關係，充滿矛盾和弔詭：她覺得得不到丈夫的重視，就以出軌來報復他對自己的輕視；報復完成，卻從沒感到一絲的輕鬆和滿足，反覺自己有違操守，破壞了別人的家庭，內心有着無比的自責與壓力，也同時因為自己的不專一而添了內疚和不安。

以出軌懲罰對方，結果卻是自虐

「如果你認為丈夫對你不重視，令你受傷，那你以身體為餌作報復，作為懲罰丈夫抒發不滿怒氣，是否又是一種對自己的不重視，令自己受傷？你感到那個受傷的自己嗎？她先後被丈夫及自己所忽略，她有甚麼感覺？」我希望她明白，療傷第一步，是知道自己受了傷。

她的內心，仍然希望維持婚姻，只不過在無計可施下，惟有帶着鬱結和憤怒向他表達：你不珍惜我，我也不會珍惜你。這是對丈夫的抗議，也是對他冷漠的懲罰。有些人會因為不想要而假裝，而她只因為得不到而假裝不想要。

她漸漸明白，性不等同親密，即使上了床，極其量只有身體接觸而來的快感，卻絲毫感受不到滿足。她決定終止婚外情，重新面對婚問題；即使丈夫未能滿足自己的期望，也不能成為傷害自己的理由。

　　不憤不甘，會侵蝕人心，懲罰他人同時變成自虐。

　　如果出軌目的是懲罰，那麼她做到了，不過受到懲罰與傷害最深的，不是她的丈夫。

給自己的問題

性愛的原本目的是經驗親密、追求快感，可以怎樣提升自我察覺，避免自己跌入傷人傷己的關係中？

一位男士問:「現在有些人提倡開放式關係,認為可保持伴侶關係之餘,又可以擁有很大的自由度,兩個人的生活空間較大,你有甚麼看法?你同意這種形式的關係嗎?」

治療師:「你伴侶的看法,比我的意見重要得多。開放式關係,是伴侶關係的一種;身處這關係中的伴侶,既保持伴侶關係,又不受主流的單一伴侶制度所限制,可以容許或接受第二者在兩個人間出現。

開放式關係可以有不同的形態:非單一但穩定的伴侶、伴侶交換、多重伴侶等,內容完全按雙方的意願來達成一致協定。開放式關係的原意是保持伴侶關係之餘,同時也追求個人的情慾自由,但最困難的是,感情屬兩個人的事,要在思想、感情和身體達到一致已非常困難,如果有第三者、第四、第五者介入,情況將更複雜。

現時婚姻制度奉行一夫一妻,強調專一,開放式婚姻確實有違婚姻原則。當然最重要的不是甚麼關係模式,而是這模式是否適合你們?是否雙方都能接納?」

附錄一

我對性生活滿意嗎？💗

自我評估：你可以透過以下問卷，了解自己對性生活的滿意程度，也可以與你的伴侶一起填寫，增加對彼此的了解，並因應情況考慮尋求專業人士幫助。

（註：問卷只作自我參考之用，不能視為正規醫學或治療評估的依據和標準。）

「性生活滿意度」問卷 （心理諮詢師溫 Sir 於 14.10.2018 發表）

1. 你認為你性生活的次數怎樣？
   A. 能滿足需要（2 分）　B. 太多（0 分）　C. 太少（0 分）

2. 你覺得性伴侶的性吸引力怎樣？
   A. 有吸引力（2 分）　B. 一般（1 分）　C. 沒有吸引力（0 分）

3. 你和伴侶通常誰先提出性行為要求？
   A. 雙方程度相近（2 分）　B. 男方較多（1 分）　C. 女方較多（1 分）
   D. 沒有性行為（0 分）

4. 提出性行為時遭到對方拒絕的情況怎樣？
   A. 雙方差不多（2 分）　B. 雙方的差距很大（0 分）

5. 當伴侶不想性交，你感覺如何？
   A. 傷心或氣憤，耿耿於懷（0 分）　B. 當時失望，短時間後平復（1 分）
   C. 理解伴侶，沒有負面情緒（2 分）

6. 當你不想有性行為時，伴侶的態度怎樣？
   A. 經常生氣及難過（0 分）　B. 稍感生氣或失望（1 分）
   C. 理解你，沒有情緒（2 分）

7. 進行性行為時，你希望伴侶怎樣？
   A. 不要太拘束或抑制自己（0 分）　B. 少一點傳統，多些性技巧（0 分）
   C. 上述兩者都沒有（2 分）

8. 你可以在性行為中達到高潮嗎？
   A. 通常可以（2 分）　B. 大多時候可以（1 分）　C. 很少或沒有（0 分）

9. 通過性交以外的刺激，你能達到高潮嗎？
   A. 通常能夠（2分） B. 大多時候能夠（1分） C. 從來不能（0分）

10. 當你不願意時，伴侶還會要求你做愛嗎？
    A. 從不或很少（2分） B. 有時（1分） C. 經常（0分）

11. 會否因為勃起困難或性交疼痛而導致性交失敗？
    A. 從不或很少（2分） B. 有時（1分） C. 經常（0分）

12. 會否因為自己或伴侶不能達到高潮而對性生活感到不滿意？
    A. 從不或很少（2分） B. 有時（1分） C. 經常（0分）.

13. 你會否因為自己或伴侶過早達到高潮而對性生活感到不滿意？
    A. 從不或很少（2分） B. 有時（1分） C. 經常（0分）

14. 會否因為伴侶沒有性趣而對性生活感到不滿意？
    A. 從不或很少（2分） B. 有時（1分） C. 經常（0分）

15. 你們有沒有婚外性關係？
    A. 從來沒有（2分） B. 以前有，現在沒有（1分） C. 最近一直有（0分）

16. 你與伴侶的性生活是像你喜歡的豐富嗎？
    A. 是（2分） B. 一般（1分） C. 沒有變化和乏味（0分）

17. 你們會在睡覺前爭吵嗎？
    A. 從不或很少（2分） B. 有時（1分） C. 經常（0分）

18. 你會否比伴侶提前或延後很長時間才上床？
    A. 從不或很少（2分） B. 有時（1分） C. 經常（0分）

19. 當伴侶生病或有事不能過性生活時，你是否還要性交？
    A. 從不或很少（2分） B. 有時（1分） C. 經常（0分）

20. 會否在將要做愛時，你就想起過去的怨恨以至對伴侶產生憎恨或厭惡？
    A. 從不或很少（2分） B. 有時（1分） C. 經常（0分）

評分：

26~40 分：你對性生活的滿意度高，經常可以和伴侶享受性愛歡愉。

16~25 分：你們的性生活尚算和諧，但有需要改善的地方，尤需要留意某些得分低的項目，並作改善。

0~15 分：你對性生活的數量或質量都有不滿，應作出調整和改善，或需考慮尋求專業人士協助

附錄二

有用資訊

♠ 性治療服務

服務名稱	資料詳情	QR Code
明愛性治療服務	⬚ family.caritas.org.hk/sextherapy ✆ 24747312	
香港家庭計劃指導會性治療	⬚ www.famplan.org.hk/zh/our-services/counselling-services/sex-therapy/content ✆ 25722222	
香港公教婚姻輔導會性治療服務	⬚ cmac.org.hk/service_Sex_Therapy ✆ 28101104	
情性地帶 （青少年性輔導）	⬚ playsafe.caritas.org.hk/sz/service ✆ 61885555	

♣ 性侵犯輔導服務

服務名稱	資料詳情	QR Code
風雨蘭	⬚ rainlily.org.hk ✆ 23755322	
明愛曉暉計劃	⬚ family.caritas.org.hk/zh-hk/services/view/21 ✆ 26499100	

| 護苗基金 | 💻 ecsaf.org.hk
📞 28899922 | |

♥ 婚姻輔導及婚姻培育服務

服務名稱	資料詳情	QR Code
明愛賽馬會婚姻培育計劃——親密頻道	💻 www.facebook.com/ CARITASJCIC/ 📞 36184460	
綜合家庭服務中心 （港、九、新界各區）	💻 swd.gov.hk/tc/index/site_ pubsvc/page_family/ sub_listofserv/id_ifs 📞 致電不同區域的中心	
明愛婚姻體檢 App	💻 family.caritas.org.hk/ marriage-app.html 📞 在手機中下載程式	
婚外情支援熱線	💻 ema.caritas.org.hk 📞 31616666	

◆ 性病檢查及診治

服務名稱	資料詳情	QR Code
衛生署社會衛生科診所（男性或女性）	💻 chp.gov.hk/tc/ static/24039.html 📞 致電不同區域的診所	

性，
不只是
兩腿間的事

性治療師與你探視
都市人的情愛與性慾

著者
古錦榮

責任編輯
周宛媚

裝幀設計
鍾啟善

排版
辛紅梅

出版者
萬里機構出版有限公司
香港北角英皇道499號北角工業大廈20樓
電話：2564 7511
傳真：2565 5539
電郵：info@wanlibk.com
網址：http://www.wanlibk.com
　　　http://www.facebook.com/wanlibk

發行者
香港聯合書刊物流有限公司
香港荃灣德士古道220-248號
荃灣工業中心16樓
電話：2150 2100
傳真：2407 3062
電郵：info@suplogistics.com.hk

承印者
美雅印刷製本有限公司
香港觀塘榮業街6號海濱工業大廈4樓A室

出版日期
二〇二〇年十一月第一次印刷

規格
32開（148mm×210mm）